파이썬으로
무인도 탈출하기

박정호 · 안해민 · 박찬솔 지음
구덕회 감수

파이썬으로
무인도 탈출하기

초판 1쇄 발행 2019년 8월 16일
초판 2쇄 발행 2021년 9월 24일
지은이 ┃ 박정호, 안해민, 박찬솔
감수 ┃ 구덕회
펴낸이 ┃ 김승기
펴낸곳 ┃ ㈜생능출판사 / **주소** 경기도 파주시 광인사길 143
출판사 등록일 ┃ 2005년 1월 21일 / **신고번호** 제406-2005-000002호
대표전화 ┃ (031) 955-0761 / **팩스** (031) 955-0768
홈페이지 ┃ www.booksr.co.kr

책임편집 ┃ 유제훈 / **편집** 신성민, 양둥글, 권소정
마케팅 ┃ 최복락, 심수경, 차종필, 백수정, 최태웅, 명하나
인쇄/제본 ┃ 영신사
ISBN 978-89-7050-985-3 73000
값 14,000원

- 이 책의 국립중앙도서관 출판예정도서목록(CIP)은 서지정보유통지원시스템 홈페이지(http://seoji.nl.go.kr)와
  국가자료공동목록시스템(http://www.nl.go.kr/kolisnet)에서 이용하실 수 있습니다.(CIP제어번호: CIP2019028572)
- 이 책의 저작권은 ㈜생능출판사와 지은이에게 있습니다. 무단 복제 및 전재를 금합니다.
- 잘못된 책은 구입한 서점에서 교환해 드립니다.

> 이 책의 활용

유튜브 동영상 시청하기

스마트폰을 이용하여 아래의 QR코드를 스캔하거나 아래의 사이트 주소를 방문한다면 유튜브 동영상을 보고 본문에 나온 내용을 학습해볼 수 있어요.

https://bit.ly/3zb2WiM

예제 소스코드를 활용하기

① 생능출판사 홈페이지(https://booksr.co.kr/)에서 '파이썬으로 무인도 탈출하기'를 찾으면 '보조자료'에서 소스 파일을 다운로드하여 사용할 수 있어요.

② 책 본문에서도 예제 소스코드를 확인해 볼 수 있어요.

마이크로비트 구매 방법

본문 마지막 프로젝트를 위해서는 마이크로비트라는 하드웨어가 필요해요. 아래 링크를 통해 구매할 수 있어요.

① 마이크로비트 : http://m.site.naver.com/0R2UI

② 확장 키트 : http://m.site.naver.com/0R2UE

머리말

여러분은 구글이나 인스타그램 같은 웹사이트를 방문해 본 적이 있나요? 이런 웹사이트를 직접 만들 수 있다면 얼마나 멋질까요? 파이썬과 함께 그 첫걸음을 시작해보세요! 이 책이 여러분의 첫걸음을 도와줄거에요.

아마도 여러분은 이 책을 통해 파이썬을 처음 접하는 분들일 것입니다. 파이썬(Python)은 1991년 프로그래머인 귀도 반 로섬(Guido van Rossum)이 발표한 고급 프로그래밍 언어입니다. '파이썬'이라는 이름은 영어로 '비단뱀'이라는 뜻이 있습니다. 그래서 파이썬의 로고에 종종 비단뱀의 모습이 있는 것을 볼 수 있습니다. 하지만 '파이썬'의 이름은 파이썬을 처음 개발한 프로그래머가 좋아하는 코미디 영화 〈Monty Python's Flying Circus〉에서 따온 것이라고 합니다. 재미있지요?

파이썬은 초보자부터 전문가까지 폭넓은 사용자층을 보유하고 있습니다. 다른 프로그래밍 언어보다 인간 언어와 유사하여 배우기 쉽기 때문입니다. 그렇다면 단지 배우기 쉬워서 파이썬을 많이 사용하는 것일까요? 그렇지 않습니다. 파이썬은 다양한 플랫폼에 적용할 수 있고 풍부한 라이브러리를 가지고 있다는 장점이 있습니다. 또한 비영리의 파이썬 소프트웨어 재단이 관리하는 개방형, 공동체 기반 개발 모델을 가지고 있어 모든 사람이 무료로 사용할 수도 있습니다. 따라서 누구나 수준 높은 응용 프로그램을 개발할 수 있지요. 그 덕분에 교육 목적뿐 아니라 구글(Google), 나사(NASA) 등을 비롯한 여러 곳에서 다양한 목적으로 사용되고 있답니다.

이 책을 통해 엔트리나 스크래치 등 블록형 코딩을 익힌 여러분이 텍스트형 코딩으로 가는 길잡이가 되어주고자 합니다.

1 스토리텔링을 통한 흥미로운 파이썬 학습

　코딩을 처음 시작하는 초등학교 고학년 또는 중학생 독자층을 위해 스토리텔링 요소를 반영하였습니다. 사고로 무인도에 불시착한 주인공 '타미'와 그의 애완 로봇 '로보'에 대한 이야기입니다. 여러분은 이 동화를 읽으면서 자연스럽게 파이썬과 친해질 수 있을 것입니다. '타미'와 '로보'가 파이썬을 이용하여 어떻게 무인도를 무사히 탈출할 수 있을지 함께 이야기를 따라가 봅시다.

2 단계적이고 체계적인 학습 시리즈

　이 책은 엔트리 코딩 책인 『엔트리 코딩 탐정단』과 연결된 스토리를 이루고 있습니다. 사실 '타미'의 로봇 '로보'는 『엔트리 코딩 탐정단』에 등장하는 로봇 연구소에서 받은 것이랍니다. 책으로 파이썬을 학습한 후 무인도 탈출 보드게임을 통해 친구들과 즐겁게 복습할 수도 있습니다. 이 시리즈를 차근차근 따라오다 보면, 블록형 코딩부터 텍스트형 코딩까지 체계적인 프로그래밍 학습이 가능해집니다.

3 실생활 예제를 통한 컴퓨팅 사고력 향상

　이 책은 실생활과 관련된 다양한 예제를 통해 흥미를 유발하고 실용적으로 활용할 수 있도록 하였습니다. 또한 챕터별로 에피소드, 다양한 예제, 자세한 도움말, 더 높은 수준을 요구하는 독자를 위한 심화탐구 등을 제공하여 흥미와 지식, 그리고 실용성을 모두 충족시키고자 합니다. 이러한 일련의 과정을 통해 절차적 사고를 익히고 실생활 문제를 해결하는 컴퓨팅 사고력을 향상시킬 수 있을 것입니다.

　'타미'와 '로보'와 함께 떠날 파이썬 탐험, 기대되지 않나요? 그럼 지금부터 여러분을 파이썬의 세계로 초대합니다.

저자 드림

이 책의 구성

파이썬 맵

이 책의 내용은 아래 그림과 같이 구성되어 있습니다.
크게는 기초편, 논리편, 활용편으로 나누어집니다.

```
프롤로그 ─┬─ 파이썬 설치
          └─ 파이썬 실행

기초편 ─┬─ IDLE 실행
        ├─ 출력
        └─ 변수 ─┬─ 숫자형 ──── 산술연산
                 ├─ 문자열 ──── 문자열 활용
                 ├─ 변수 변환
                 ├─ 변수 입력
                 └─ 리스트 ─┬─ 리스트 생성
                            ├─ 인덱스
                            └─ 리스트 활용
```

논리편

- 알고리즘
- 참/거짓 판단
  - 비교연산자
  - 논리연산자
- 조건문
  - if문
    - if와 else
    - elif
- 반복문
  - for문
  - while문
    - while
    - 무한반복
    - continue와 break

활용편

- 모듈
  - turtle
  - random
  - time과 calendar
- 함수
  - 매개변수와 반환값
  - 지역변수와 전역변수
- 객체 지향
  - 객체
  - 상속
- 프로젝트
- 피지컬 컴퓨팅
  - 마이크로비트

차 례

〈프롤로그〉 파이썬 설치 및 실행하기 ················ 11

1장 기초편
- **1일차** 구조요청을 보내자! – 출력하기 ················ 23
- **2일차** 얼마나 버틸 수 있을까? – 숫자 변수 연산하기 ············ 33
- **3일차** 내가 가진 물건 – 문자열 리스트 만들기 ············ 51

2장 논리편
- **4일차** 선택의 기로 – 조건문 : if문 ················ 73
- **5일차** 동굴에 들어가자 – 반복문1 : for문 ············ 93
- **6일차** 괴수를 내쫓아요 – 반복문2 : while문 ············ 107

3장 활용편
- **7일차** 무인도 탈출 대작전 1 – turtle 모듈, 함수, 객체 지향 ······ 123
- **8일차** 돛단배 업그레이드 프로젝트 – 게임 만들기 ············ 161
- **9일차** 무인도 탈출 대작전 2 – 피지컬 컴퓨팅 : 마이크로비트 ··· 189

〈에필로그〉 ················ 211
〈부록〉 로보가 내주는 숙제의 정답 ················ 213

등장인물 소개

우리와 함께 파이썬을 공부해서
무인도를 탈출하게 될 친구들을 소개할게!

안녕! 나는 타미야.
여름방학을 맞아 제주도에 계신 할머니 댁으로 떠나던 중
비행기 추락사고로 무인도에 갇히게 돼.
로봇 연구소에서 받은 로봇 '로보'와 함께 살아남아 보려고 해.
무인도에서 탈출해 부모님 곁으로 무사히 돌아갈 수 있도록
친구들이 많이 도와줘!

삐리삐리, 안녕하세요!
저는 '로보'입니다. 타미의 로봇친구이지요.
타미와 함께 무인도에 갇히고 말았어요.
타미를 도와 무인도에서 탈출할 거예요!
단, 저와 대화를 하기 위해서는
'파이썬'이라는 프로그래밍 언어를 사용해야 해요.
열심히 파이썬을 공부해서 저와 함께 타미를 도와볼까요?

그럼 지금부터 이 친구들과 함께 파이썬 여행을 떠나보자!

파이썬을 설치하고 실행해보자!

로빈슨 크루소처럼 혼자 무인도에 갇히는 상상을 해 본 적 있니?

여기, 그 상상이 현실이 되어버린 타미란 친구가 있어. 이야기는 작년으로 거슬러 올라가. 유난히 햇살이 뜨거운 어느 여름날, 타미는 여름방학을 맞아 제주도에 계신 할머니를 찾아뵈러 떠나기로 했어.

타미 혼자 하는 첫 여행이구나.
연구소에서 받은 이 로봇과 함께라면
혼자 하는 여행이라도 외롭지 않을 거야.
이 로봇은 파이썬으로 작동한단다.

파이썬이요? 그게 뭐예요?

파이썬은 프로그래밍 언어 중 하나야.
컴퓨터에게 명령을 내려 각종 프로그램을 만들 수 있어.
컴퓨터와 대화하는 도구라고 할 수 있지. 다만, 이 언어에는 규칙이 있어.
규칙을 잘 익혀두면 다양하게 활용할 수 있을 거야.

삐리삐리 – 안녕하세요. 저는 로보입니다.
파이썬으로 저에게 명령을 내려 보세요.

비행기를 기다리는 동안 타미는 〈설치 설명서〉를 보고 파이썬을 설치하기로 했어. 설치 방법은 어렵지 않으니 우리도 함께 따라 해보자.

설치 설명서

안녕하세요. 저는 로보라고 해요. 만나서 반가워요!
저는 친구들 집에 있는 컴퓨터와 같은 역할을 해요. 움직이는 컴퓨터라고 할 수 있죠.
단, 저에게 명령을 내리려면 파이썬이라는 프로그래밍 언어를 사용해야 한답니다. 다음과 같이 파이썬을 설치해보세요.

❶ www.python.org에 접속합니다.

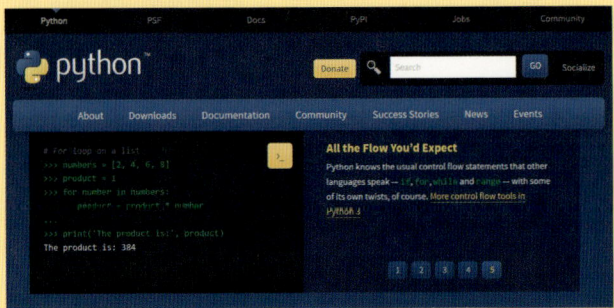

❷ 'Downloads 〉 Download Python 3.9.7'을 클릭합니다.

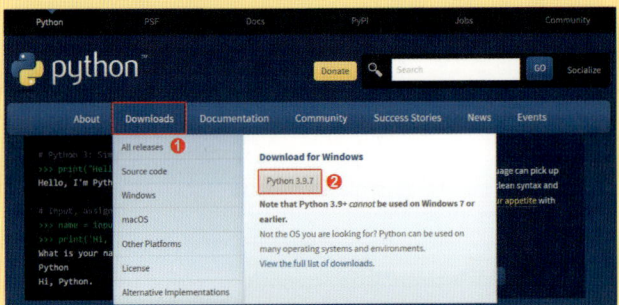

※ 버전 정보는 시기에 따라 달라질 수 있습니다. 최신 버전을 다운로드해주세요.

❸ 열기 버튼을 클릭합니다.

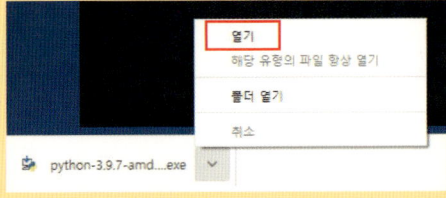

④ 설치 창이 뜨면 'Install Now'를 클릭합니다.

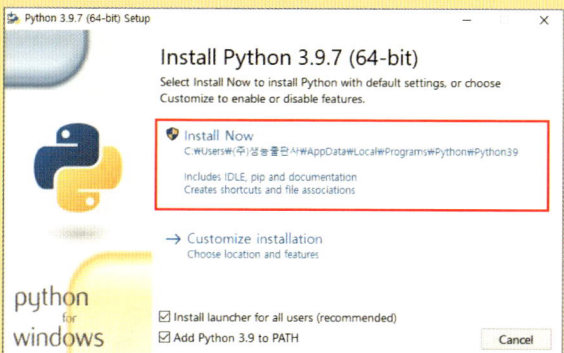

⑤ 다음과 같은 창이 뜨면 설치가 완료될 때까지 기다립니다.

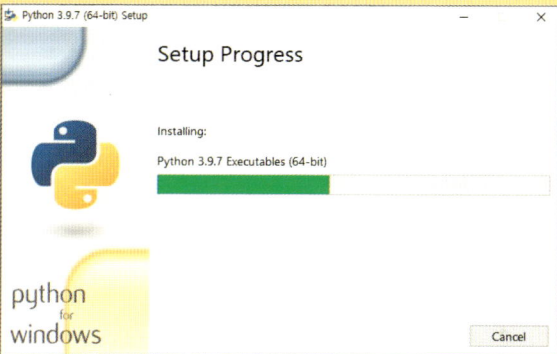

⑥ 다음과 같이 'Setup was successful'이라는 메시지가 뜨면 'Close' 버튼을 눌러 창을 종료해주세요.

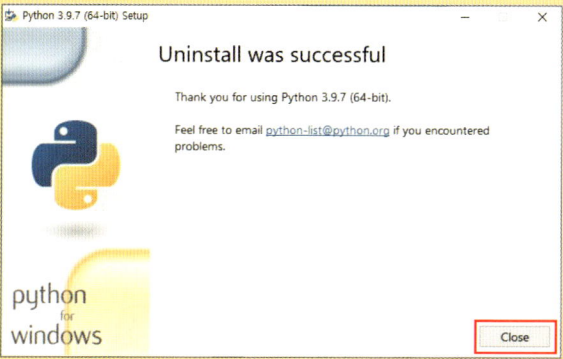

설치가 완료되었습니다. 여러분은 이제 제가 다양한 활동을 하도록 만들 수 있어요. 우리 좋은 친구가 되어보아요!

모두 설치를 완료했니? 그럼 파이썬으로 명령을 내리려면 어떻게 해야 할까?

파이썬에서 명령을 내리는 창은 IDLE 창이야. 시작메뉴에서 방금 설치한 Python 프로그램을 찾아봐. 이름이 IDLE인 프로그램을 클릭하면 아래와 같은 'Python Shell' 창이 뜰 거야.

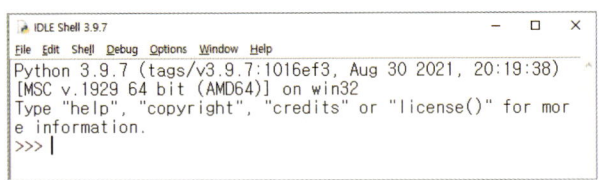

IDLE 창에서 'File - New File'을 클릭하여 빈 화면을 열어보자. 이렇게 하면 여러 명령들을 한꺼번에 실행시킬 수 있어.

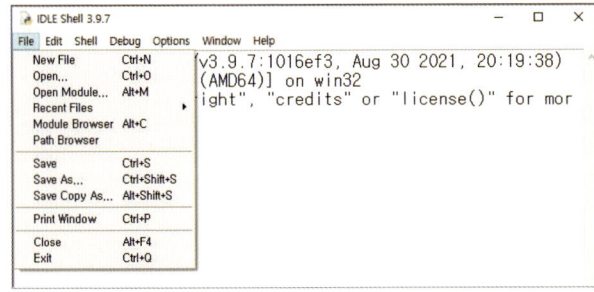

모두들 이런 창이 떴니? 앞으로 우리는 이 창을 통해 로보와 대화를 할 거야.

"10시 10분 B612 여객기를 이용하시는 승객 여러분께서는
지금 탑승해주시기 바랍니다."

파이썬 설치를 마치고 들뜬 마음으로 비행기를 탄 타미. 앞으로 어떤 재미난 일들이 펼쳐질까? 즐거운 상상을 하며 타미는 스르륵 잠이 들었어.

아니, 이게 무슨 일이지? 시끄러운 소리에 타미는 잠이 깼어. 비행기가 심하게 덜컹이고 있어.

 "현재 우리 비행기가 난기류를 만나 기체가 흔들리고 있습니다.
승객 여러분께서는 자리에 앉아 안전벨트를 착용해주시기 바랍니다."

삐삐삐삐삐삐 --

 여기가 어디지?

    정신을 차린 타미의 눈에 보이는 것이라곤 파란 바다와 울창한 숲뿐이야. 아무리 둘러보아도 사람이 보이지 않아.

이곳은 지도상에 존재하지 않습니다. 무인도예요.

    무인도라니! 어떡하지? 과연 타미와 로보는 이곳에서 탈출할 수 있을까?

더 알아보기

파이썬, 어디까지 알고 있니?

파이썬에 대해 처음 들어보는 친구들도 많을 거야. 파이썬이 무엇인지 자세히 알아보자.

1 파이썬이 뭔가요?

파이썬(python)은 프로그램을 설계하는 프로그래밍 언어 중 하나야.

옛날에 컴퓨터는 0과 1을 활용한 기계어만을 알아들을 수 있었어. 하지만 이런 기계어는 너무 어렵고 복잡해서 더 쉽게 나타낼 수 있는 언어를 만들었지. 이 언어를 '프로그래밍 언어'라고 해. 그 중 하나가 파이썬이야.

"파이썬"이라는 이름은 개발자인 귀도 반 로섬이 좋아하는 코미디 프로그램 "Monty Python's Flying Circus(몬티 파이썬의 날아다니는 서커스)"에서 따온 것이라고 해요.

2 가장 널리 사용되는 프로그래밍 언어, 파이썬!

프로그래밍 언어에는 파이썬뿐만 아니라 자바, C언어, 엔트리, 스크래치 등 여러 가지가 있어. 하지만 그중에서 파이썬이 가장 널리 사용되고 있어.

이처럼 파이썬이 널리 사용되고 있는 이유는 간결하고 쉽기 때문이야. 또한, 개발자인 귀도가 누구든지 무료로 사용할 수 있도록 대중에 완전 공개한 것도 큰 역할을 했지.

친구들도 열심히 노력하면 어느새 파이썬 능력자가 되어 있을 거야!

3 파이썬과 스크래치의 차이점

엔트리나 스크래치와 같은 프로그래밍 언어는 '블록형 코딩'이라고 해. 이미 만들어진 틀인 네모나게 생긴 블록들을 이용해서 코딩을 하는 방식이야. 반면 파이썬과 같은 프로그래밍 언어는 '텍스트형 코딩'이라고 해. 명령어들을 직접 타이핑하여 코딩을 하지. 그래서 틀이 정해져있는 블록형 코딩에 비해 자유롭게 프로그래밍을 할 수 있어.

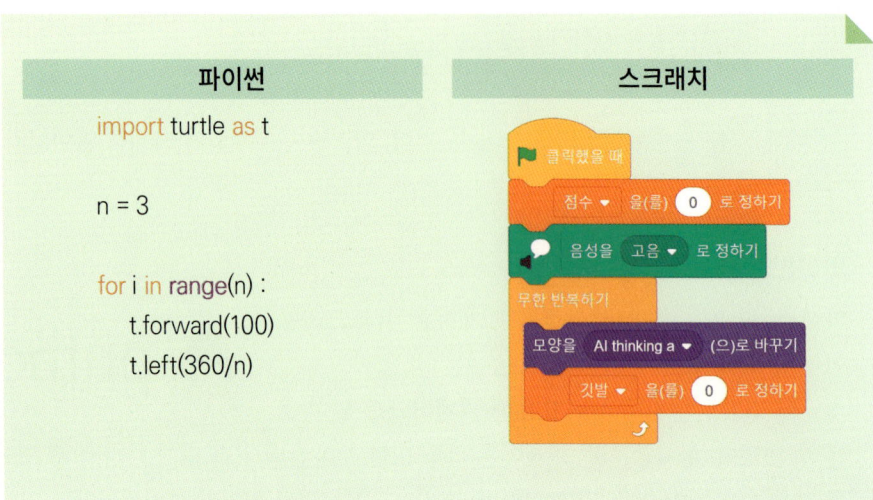

또 다른 차이점은 바로 실용성이야. 엔트리나 스크래치로는 실제로 사용되는 프로그램을 짤 수는 없어. 그러나 파이썬은 달라. 파이썬은 실제 웹사이트와 모바일 앱을 위한 언어야. 구글, 유튜브, 인스타그램 등 유명한 웹사이트들이 쓰는 언어란다. 파이썬을 열심히 공부하면 친구들도 실제 프로그램을 만들어 사용할 수 있어.

누가 알겠어? 친구들이 페이스북(facebook)을 만든 제 2의 마크 저커버그가 될지?

이제부터 타미와 로보가
본격적으로 무인도 탈출하기를
시작합니다.

1장

기초편

1일차

구조요청을 보내자!
– 출력하기

2일차

얼마나 버틸 수 있을까?
– 숫자 변수 연산하기

3일차

내가 가진 물건
– 문자열 리스트 만들기

구조요청을 보내자!
- 출력하기 -

1일차

학습내용
- 파이썬 IDLE 활용하기
- print 명령문 배우기
- 작성한 프로그램 실행하기

영어 단어로 미리 보는 파이썬 용어

- **print** 인쇄하다, 출력하다.

구조요청을 보내자!

무인도에 갇힌다면 가장 먼저 무엇을 해야 할까? 타미는 책에서 본 이야기를 생각해 냈어. 맞아! 우선, 사람들이 우리를 발견할 수 있도록 구조요청을 하자.

 로보야, 사람들에게 SOS를 날려줘!

파이썬으로는 다양한 명령을 내릴 수 있어. 오늘은 그 중 가장 기본적인 명령인 '출력하기' 명령문에 대해 배울 거야. 파이썬으로 원하는 내용을 보여주고 싶으면 어떻게 해야 할까?

무엇을 해야 할까?

 우리가 여기 있다는 걸 알리기 위해서 어떻게 해야 할까?

 파이썬으로 'SOS'를 '출력'하면 돼요.

 '출력'이라고? 그게 무슨 말이야?

 화면에 어떤 문자나 숫자를 보여주는 것을 '출력'이라고 해요. 'print'라는 명령문을 사용한답니다!

어떻게 해야 할까?

그럼 파이썬으로 'print'를 사용한 명령문을 작성해보자!

좋아요.
파이썬에서 명령문을 작성하는 창을 어떻게 여는지 기억하고 있죠?

물론이지.
파이썬 IDLE를 실행하고, 'File – New File'을 클릭하면 되잖아.

훌륭해요!
그럼 새 창에 다음과 같이 입력해보세요.

```
print("SOS!")
```

print는 '출력한다'는 의미야.
따옴표 쓰는 것을 잊지 마!

그럼 여러 줄을 출력하고 싶으면 어떻게 해야 할까?
print 명령문을 두 번 쓰면 되겠지?

그렇게 반복해서 써도 되지만 '₩n'을 활용하면 좀 더 편리해요.
'₩'는 키보드의 Enter키 바로 위에 있어요.

'₩n'을 입력하면
내가 평소에 Enter키를 누른 것과 같은 역할을 한다는 말이야?

맞아요. 다음 두 코드를 각각 입력해서 한번 확인해보세요.
분명 같은 결과가 나올 거예요.

```
print("SOS!")
print("살려주세요!")
```

print를 두 번 쓰면 줄을 바꿔줘.

```
print("SOS!₩n살려주세요!")
```

'₩n'을 입력하면 줄을 바꿔줘.

확인해 보자!

 확인해보고 싶은데 작성한 명령문을 어떻게 실행시키는지 모르겠어.

아, 작성한 코드를 실행시키는 법을 알려주지 않았군요.
파이썬 파일은 저장하지 않으면 실행되지 않아요.
우선 'File – Save'를 클릭해서 원하는 이름으로 저장해야 해요.

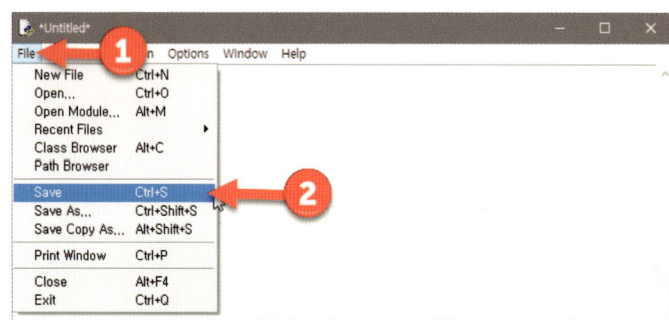

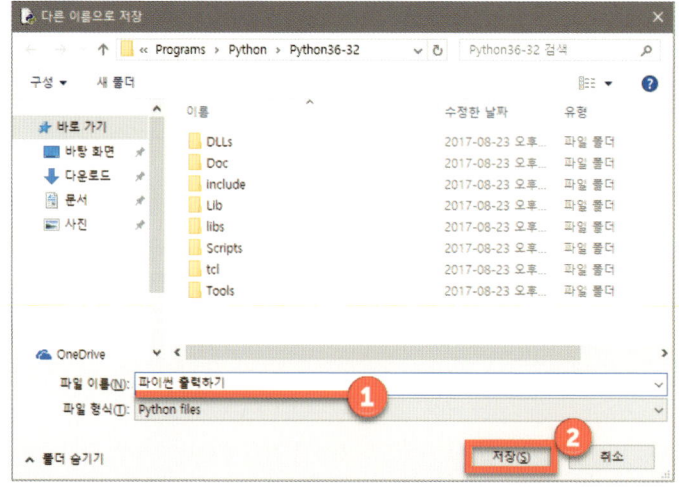

 파이썬 파일은 '파일이름.py'와 같은 형식으로 저장되는구나.

파일을 저장했으면 'Run – Run Module'을 클릭해서 파일을 실행시킬 수 있어요.
또는 간단히 키보드에서 'F5'를 눌러도 된답니다.

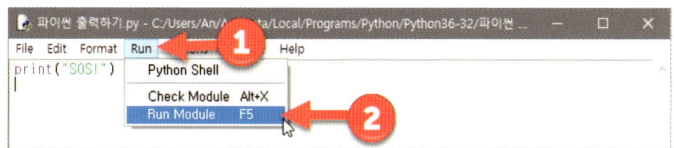

그렇게 하니 'Python Shell'이라는 새로운 창이 뜨면서 컴퓨터가 명령을 실행해.

컴퓨터가 'SOS!'라고 보여주고 있어요. 대단한 걸요!
파이썬으로 첫 번째 프로그래밍을 성공한 거예요!

두 줄을 출력한 코드는 어떤 결과가 나올까?
같은 방법으로 실행해봐야지.

실행결과

| SOS! | SOS! |
| 살려주세요! | 살려주세요! |

print 명령문을 두 번 쓴 코드와 '₩n'을 이용한 코드의 결과예요.
예상한 대로 서로 같은 결과를 보여주지요?

그러네. '₩n'의 의미가 완벽히 이해된다.
이렇게 신호를 보냈으니 이제 사람들이 우릴 발견해주길 기다려보자.

더 알아보기

디버깅(Debugging)이 뭔가요?

1. 파이썬에는 꼭 지켜야 할 규칙이 있어요!

파이썬 프로그래밍을 하기 위해서는 규칙에 맞추어 직접 영어와 기호를 입력해야 해. 텍스트형 코딩을 처음 접하는 친구들에게는 조금 어렵게 느껴질 수도 있어. 하지만 이 규칙을 잘 지키지 않는다면 오류가 나게 되니 조심해야 해.

2. 디버깅(Debugging)이 뭔가요?

앞으로 파이썬을 사용하다보면 이런 화면을 종종 볼 수 있을 거야. 직접 타이핑을 하다 보니 오타나 오류가 생기기 쉽거든. 이런 오류를 찾아 고치는 것을 '디버깅(debugging)'이라고 해!

```
print("친구들")
print("첫 프로그래밍")
print("성공한 소감이 어때?)
print("앞으로도 화이팅 하자!")
```

디버깅에서 'bug'는 '벌레'란 뜻으로, 컴퓨터 프로그래밍에서는 '오류'를 뜻하죠. 이 오류를 잡는 것을 'debugging'이라고 해요!

3. 빨간 메시지에 주목하세요!

하지만 오류가 생겼다고 해서 당황하지마. 다행히도 파이썬에서는 어디에서 오류가 났는지 알려주거든. 화면에서 빨간색으로 표시된 부분이 보이지? 이 부분이 잘못되었다는 의미야. 빨간색이 보이는 줄을 고쳐서 프로그램을 수정하면 되지.

```
print("친구들")
print("첫 프로그래밍")
print("성공한 소감이 어때?)
print("앞으로도 화이팅 하자!")
```

또, 프로그램을 실행했을 때 이런 창을 본 친구들도 있을 거야.

```
Traceback (most recent call last):
  File "C:/Users/samsung/Desktop/파이썬/ch1-1.py", line 1, in <module>
    prin("친구들")
NameError: name 'prin' is not defined
```

이 빨간 메시지도 어느 부분이 잘못되었는지 알려주고 있어. 'line 1'이라는 메시지에서 첫 번째 줄에 문제가 있다는 것을 알 수 있지.

다음으로 'NameError'라는 오류 이름과 이에 대한 설명이 나와 있어. 'prin'라는 이름이 정의되지 않았다는 의미야. 'prin'이 잘못되었다는 것을 알 수 있어.

오류가 생기는 것은 자연스러운 일이야. 오류를 두려워할 필요는 없어. 오류를 어떻게 해결할 수 있을지 생각하고, 다양하게 시도하는 과정이 중요하단다. 다음번에 이런 오류 메시지를 만나게 된다면 내용을 꼼꼼히 읽어 스스로 해결하려고 노력해보렴.

로보가 내주는 숙제

'출력하기'는 모든 프로그래밍에서 가장 기본이 된단다. 좀 더 연습해 보자.

1 print 명령문을 한 번만 사용해서 다음과 같이 출력해봐. 파이썬에서 줄을 바꿀 때는 'Enter'키를 치지 않고 대신 '₩n'을 입력했던 것을 생각하렴.

> 실행결과
> 친구들
> 첫 프로그래밍
> 성공한 소감이 어때?
> 앞으로도 화이팅 하자!

2 다음과 같이 코드를 입력하면 어떻게 될지 생각해봐. 생각한 후에는 직접 파이썬에 입력해서 각각 실행해 확인해보자.

```
print("11+15")
```

```
print(안녕!)
```

어떤 결과가 나왔니? 왜 그런 결과가 나왔을까? 만약 오류가 뜬다면 올바르게 고쳐보렴.

※ 정답은 책 본문의 맨 뒤쪽에 있습니다.

한눈에 보기

배운 내용을 얼마나 기억하고 있는지 복습해볼까?

CHECK 1

파이썬 IDLE 활용하기
- 파이썬 IDLE 창에서 여러 개의 명령문 입력하기
  : IDLE 창에서 'File – New File' 클릭

CHECK 2

print 명령문
- 출력하기 : 화면에 문자나 숫자를 보여주는 것
- 'print' 명령어 사용하기. 예 print("SOS!")
- 문자열을 출력할 때는 따옴표("")를 사용하기

CHECK 3

작성한 프로그램 실행하기
- 입력한 명령문 실행하기 : 'Run – Run Module' 클릭 혹은 키보드의 'F5' 버튼

목이 말라요!

무인도에 도착한지 몇 시간이 지났어. 무인도에서 살아남으려면 물이 꼭 필요해. 지금 가지고 있는 물에다 주변에서 추가로 물을 모아 얼마나 버틸 수 있을지 계획을 세워보자.

지금 가지고 있는 물이 9L, 주변에서 추가로 구한 물이 3L입니다.

 하루에 1.5L 씩 마신다면 며칠 동안 버틸 수 있지?

파이썬의 '산술 연산'을 사용하면 여러 숫자를 계산할 수 있어. 오늘은 산술 연산에 대해 알아보고 타미와 로보를 도와주자!

무엇을 해야 할까?

우리가 가진 물로 버틸 수 있는 날을 계산하려고 해.
이걸 식으로 나타내면 다음과 같아.

> 가지고 있는 물로 버틸 수 있는 날
> = (원래 물의 양 + 추가로 구한 물의 양) ÷ 하루에 소비하는 물의 양

숫자로 나타내보면 이런 식이 돼요.

> (9 + 3) ÷ 1.5

이렇게 숫자를 사용해서 계산하는 것을 '**산술 연산**'이라고 하지.
산술 연산에는 또 어떤 것들이 있을까?

'산술 연산'에는 더하기, 빼기, 곱하기, 나누기 등이 있어요.
파이썬에서 사용할 수 있는 산술 연산 부호는 다음과 같답니다.

파이썬 기호	수학 기호	설명
+	+	더하기
-	-	빼기
*	×	곱하기
/	÷	나누기

'*'가 곱하기, '/'가 나누기를 의미한다는 점에 주의하세요!

어떻게 해야 할까?

 그럼 이 기호들을 이용해서 파이썬으로 산술 연산을 해보자.

우선 작성한 식을 파이썬에서 사용하는 연산 기호로 바꿔야 해요.
수학에서의 수식을 파이썬에서의 수식으로 바꾸어 보아요.

수학	파이썬
(9+3)÷1.5	(9+3)/1.5

 이제 계산한 값을 출력해볼게.
앞에서 배웠던 'print' 명령어를 이용하면 되겠다.

하지만 숫자를 출력할 때에는 따옴표("")를
사용하지 않는다는 점에 주의하세요!

```
print((9+3)/1.5)
```

\# 숫자를 사용해 연산을 할 때에는
따옴표를 쓰면 안 돼!

 잠깐! 출력할 때 숫자랑 문자를 연결해서 출력할 순 없을까?

숫자와 문자 등 여러 가지 내용을 한꺼번에 출력할 수 있어요!
쉼표(,)를 사용하면 된답니다. 바로 이렇게요.

```
print("버틸 수 있는 날은", ((9+3)/1.5), "일입니다!")
# 문자는 따옴표("")를 사용해 나타내고, 문자와 숫자 사이에는 쉼표(,)를 써서 반드시
  구분해주렴.
```

확인해 보자!

이제 어떤 결과가 나오는지 확인해볼까?

파이썬 파일을 저장하고 'Run – Run module'을 클릭하거나 키보드의 'F5' 버튼을 눌러 실행해보아요.

실행결과
8.0

쉼표(,)를 사용해 문자와 숫자를 연결한 두 번째 명령문은 어떤 결과가 나올까?

실행결과
버틸 수 있는 날은 8.0 일입니다!

같은 화면이 떴나요? 멋져요!
이제 파이썬으로 다양한 연산을 할 수 있을 거예요.

더 알아보기

다른 '연산 기호' 알아보기

1 기호에는 어떤 것들이 있을까요?

더하기, 빼기, 나누기, 곱하기의 연산 기호에 대해 알아봤어. 파이썬에는 이 4가지 외에도 다양한 연산 기호가 있어. 어떤 것이 있는지 살펴보자.

연산 기호	설명
+	더하기
-	빼기
*	곱하기
/	나누기
//	나누기의 몫
%	나누기의 나머지
**	제곱

다음 예시를 살펴보면서 어떤 값이 나올지 예상해보자.

> 37 // 4

위 코드는 37을 4로 나누고 그 몫을 나타내라는 의미야. 결괏값이 어떻게 나오는지 살펴볼까?

실행결과

9

37을 4로 나누면 몫이 9이고 나머지가 1이야. 그중에서 몫인 9만 결과로 보여주고 있어. 이렇게 '//'는 나누기의 몫을 나타내는 연산 기호야.

> 37 % 4

'%'는 나누기의 나머지를 구하는 연산 기호야. 그럼 '37%4'는 37을 4로 나눴을 때의 나머지를 구하는 식이 되겠지? 한번 결과를 살펴보자.

실행결과

1

이번에는 37을 4로 나눴을 때의 나머지인 1이 나왔지?

5 ** 3

'**'는 거듭제곱을 하는 연산 기호야. '5**3'은 5를 3번 거듭제곱하라는 뜻이야. 한번 결과를 살펴보자.

실행결과

125

이처럼 파이썬을 이용하면 더하기, 빼기, 곱하기, 나누기뿐 아니라 다양한 산술 연산을 빠르고 간편하게 할 수 있단다. 앞으로 여러 계산을 할 때 사용해보렴.

더 많은 물을 구했어요

주변을 살피던 타미는 바위틈에서 계속해서 흘러나오는 물을 발견했어.

 물의 양이 계속 늘고 있으니 살아남을 수 있는 시간도 달라지겠구나!

물의 양이 변했으니 앞서 계산했던 식도 바꾸어 줘야겠지?

> 가지고 있는 물로 버틸 수 있는 날
> = (**바뀐 물의 양**) ÷ 하루에 소비하는 물의 양

하지만 물의 양이 계속해서 바뀔 텐데 이렇게 매번 식을 다시 고쳐야 한다면 너무 번거로울 거야.

고쳐야 하는 식이 여러 개라면 더욱 힘들 거예요.

이렇게 시시때때로 변하는 값을 다양한 식에서 편리하게 사용하려면 어떻게 해야 할까?

무엇을 해야 할까?

값이 바뀔 때마다 식을 매번 고치려면 너무 불편해.
어떻게 하면 효율적으로 값을 정해 사용할 수 있을까?

'변수'라는 것을 활용하면 돼요!

변수라고? 그게 뭔데?

'변수'란 어떤 값을 저장하기 위한 메모리 공간을 의미해요.

음, 잘 이해가 안 되는걸….

변수는 '어떤 값을 담을 수 있는 상자'와 같은 거예요.
이 상자 안에 무엇을 담느냐에 따라서 그 값이 변하는 거죠.
예컨대 앞에서 이야기한 '물의 양'을 'water'라는 이름의 변수로 나타내 볼게요.

변수명 : water
변숫값 : 12

이 그림에서 상자는 변수, 즉 값을 저장할 공간을 만들었다는 걸 의미해요.
이 변수에 'water'라는 이름을 붙여준 거죠.
그 안에 '12'라는 값을 넣으면 변수 'water'의 값, 즉 물의 양은 12L가 돼요.

 그렇다면 앞으로 물의 양을 식에서 사용할 때, '12'라는 숫자가 아니라
변수의 이름인 'water'를 사용하면 되겠구나!

맞아요. 그럼 다음 식을 그림으로 표현하면 어떻게 될까요?

가지고 있는 물로 버틸 수 있는 날
= (물의 양) ÷ 하루에 소비하는 물의 양

 '물의 양'을 'water'라는 이름의 변수로 만들었으니
다음과 같이 표현할 수 있겠네.

가지고 있는 물로 버틸 수 있는 날

=  ÷ 하루에 소비하는 물의 양

그렇죠. 만약 물의 양이 바뀐다면 변수 'water'의 값만 바꾸어 설정해주면 돼요.
아래 그림처럼 말이죠.

가지고 있는 물로 버틸 수 있는 날

=  ÷ 하루에 소비하는 물의 양

 변수를 사용하면 이제 식을 일일이 고칠 필요가 없겠어.
변수의 값만 고치면 되니 말이야.

어떻게 해야 할까?

이제 파이썬에서 변수를 만들고 값을 넣어보자.
마찬가지로 'water'라는 이름의 변수에 '12'라는 값을 넣고 싶어.

방법은 간단해요. '='이라는 기호를 사용하면 돼요.
'='는 '앞에 있는 변수에 뒤에 있는 값을 대입한다'는 의미예요.

water = 12
# '='은 '대입하다'는 의미예요!

그럼 이 변수를 식에서 사용해보자. 'water'라는 변수를 이용해서
우리가 가지고 있는 물로 버틸 수 있는 날짜를 구하는 거야.

가지고 있는 물로 버틸 수 있는 날

=  ÷ 하루에 소비하는 물의 양

이 그림을 파이썬으로 나타내면 이렇게 된답니다.

```
water = 12

print("현재 가지고 있는 물의 양은 ", water, "입니다.")
print("살아남을 수 있는 날은 ", water/1.5, "일입니다.")

# 여기서 '='은 변수 'water'에 '12'라는 값을 대입한다는 의미야.
```

하지만 바위틈에서 3L의 물을 추가로 발견했죠? 즉, 물의 양이 변했어요. 그럼 어떻게 해야 할까요?

 변수의 값을 다시 설정하면 되지 않을까? 기존의 값보다 3만큼 늘어난 값으로 말이야.

훌륭해요. 그걸 파이썬으로는 다음과 같이 표현해요.

water = water + 3

기존 'water' 값에 3을 더한 값을 대입할 거야.

이제 'water'라는 변수의 값은 몇이 되었을까요?

 원래 'water'의 값이 12였고 여기에 3을 더했으니, 12+3인 15가 되었을 거야.

그렇죠! 자, 이렇게 변수의 값을 새롭게 설정했어요. 그러니 아까와 같은 식을 실행해도 다른 결과가 나오겠죠?

가지고 있는 물로 버틸 수 있는 날

=  ÷ 하루에 소비하는 물의 양

 이 그림을 파이썬으로 표현하면 다음과 같이 될 거야.

```
water = 12

print("현재 가지고 있는 물의 양은 " , water, "입니다.")
print("살아남을 수 있는 날은 " , water/1.5, "일입니다.")

water = water + 3

print("현재 가지고 있는 물의 양은 " , water, "입니다.")
print("살아남을 수 있는 날은 " , water/1.5, "일입니다.")

# 같은 식을 실행했지만, 변수의 값이 달라진다는 것에 주목하렴.
```

 같은 식을 출력하지만 변수의 값이 달라졌어요.
각각 어떤 결과가 나올지 예상해보세요.

확인해 보자!

명령문을 어떻게 실행시키는지 다시 한 번 알려줄게요.

잠깐! 화면 위쪽의 'File - Save'를 클릭해서 파일을 저장한 후,
'Run - Run Module'을 클릭하거나 키보드의 'F5'를 눌러 실행하는 거잖아.
이제 이 정도는 거뜬하다고!

헤헤, 너무 얕봤나요?
그럼 어떤 결과가 나왔는지 봅시다.

처음 물을 계산한 결과는 이렇게 나와.
변수 'water'의 값을 12로 설정했었지.

실행결과

현재 가지고 있는 물의 양은 12 입니다.
살아남을 수 있는 날은 8.0 일입니다.

그리고 물 3L를 추가로 발견한 후의 결과는 이렇게 나오지.
변수 'water'의 값을 원래보다 3 큰 수로 설정했기 때문에 결과가 달라진 거야.

실행결과

현재 가지고 있는 물의 양은 15 입니다.
살아남을 수 있는 날은 10.0 일입니다.

예상한 결과와 같나요?
축하해요! 변수에 대해 완벽히 이해한 것 같군요!

더 알아보기

'변수' 완전 정복하기

변수란 어떤 값을 저장하는 공간을 의미한다고 배웠어. 그 안에 값은 얼마든지 새롭게 설정할 수 있다고 말이지. 하지만 아직 변수가 너무 어려운 친구들이 많을 거야. 변수에 대해 좀 더 자세히 알아보자.

1 파이썬에서 '='의 의미를 기억해두세요.

모두들 '='이라는 기호를 많이 봤을 거야. 바로 수학에서 말이야. 이때의 '='은 '값이 같다'는 의미지?

하지만 파이썬에서의 '='은 그런 뜻이 아니야. '왼쪽에 있는 변수명에 오른쪽 값을 설정한다'라는 의미야.

파이썬	수학
=	=
왼쪽에 있는 변수명에 오른쪽 값을 설정한다.	왼쪽 값과 오른쪽 값이 동일하다.

'='의 왼쪽에는 '변수명'을, 오른쪽에는 '변수의 값'을 써야 해요.

다음 예시를 살펴보자.

> apple = 5

왼쪽에 오는 'apple'은 변수명이 되고, 오른쪽에 오는 '5'는 그 변수의 값이 되는 거지.

이때 오른쪽에 오는 변수의 값에는 여러 숫자를 이용한 계산식이 올 수도 있고, 다른 변수들을 이용한 식이 올 수도 있어.

항상 오른쪽 값을 계산해서 그 결과를 왼쪽 변수에 대입한다는 것을 잊지 마. 다음 코드처럼 말이야.

apple = 5 + 2

5+2를 계산한 결과를
변수 'apple'에 대입한다.

apple = apple + 1

변수 'apple'의 기존 값에 1을 더한 결과를
변수 'apple'에 대입한다.

apple = banana + tomato

변수 'banana'의 값과 변수 'tomato'의 값을 더한 결과를
변수 'apple'에 대입한다.

그렇다면 다음 예시는 어떨까?

5 = 2 + 3

마치 맞는 식 같지만, 이 코드를 실행시키면 오류가 나. 왜일까?

아까 말했지? 왼쪽은 '변수명', 오른쪽은 '변수의 값'을 써야 한다고.

그런데 파이썬에서는 변수명이 숫자로 시작할 수 없어. 따라서 '5'는 변수명이 될 수 없어. 그래서 오류가 나게 되는 거지.

이제 변수에 대해 조금 감이 오니? 앞으로 더 많은 활용법을 배우게 될 거야.

로보가 내주는 숙제

이번 시간에는 '연산하기'와 '변수'에 대해 배웠어. 꽤 어려웠을 거야. 하지만 정확히 이해하지 못했더라도 자꾸 반복해서 연습하다보면 그 의미가 무엇인지 명확해진단다. 힘내!

1 다음 식들을 파이썬으로 연산해봐.

1 + 1 =

234 - 49 =

111 × 111 =

225 ÷ 5 =

2 다음과 같이 여러 동물들이 있어. 모든 동물의 수는 몇 마리일까?

호랑이	사자	펭귄	독수리	고래	기린	악어	코끼리	표범
14	24	9	37	19	25	4	11	8

2-1 위의 동물 중 몇 마리가 새끼를 낳아서 동물 수가 늘게 되었어. 악어가 10마리 늘고, 독수리가 20마리 늘게 되었어. 모든 동물의 수는 몇 마리일까?

3 정이의 과목별 성적을 보고 평균점수를 구해봐.

국어	수학	영어
95	91	87

한눈에 보기

배운 내용을 얼마나 기억하고 있는지 복습해볼까?

산술 연산하기
- 산술 연산 기호 : + (더하기), - (빼기), * (곱하기), / (나누기)

변수 알아보기
- 변수 : 어떤 값을 저장하는 공간
- 변수에 값을 저장하는 기호 : =
- '='는 '값이 같다'는 의미가 아니라 '값을 대입한다'는 의미

내가 가진 물건
- 문자열 리스트 만들기 -

3일차

학습내용
- 변수 알아보기 2 - 문자열
- 리스트 알아보기
- 리스트 활용하기

영어 단어로 미리 보는 파이썬 용어

- list   항목, 목록
- append   덧붙이다, 첨부하다.
- index   색인
- remove   없애다, 삭제하다
- reverse   뒤집다
- sort   분류하다

 # 집을 짓자

아무래도 무인도에서 바로 탈출할 수 있을 것 같지는 않아. 오래 머물러야 하는 경우를 대비해서 집을 만들어야겠어. 집을 만들려면 어떤 재료가 필요하지?

 우리가 가진 물건들을 정리해야겠어.

집을 만들기 위해 우리가 어떤 물건들을 가졌는지 정리하려고 해. 숫자들을 변수에 저장해 사용했던 것처럼 다른 자료들도 저장할 수 있을까?

먹을 수 있는 것들, 무언가를 만들 때 필요한 재료, 칼이나 가위 같은 도구 등 다양한 물건들이 있어요.

물건들은 집을 지을 때뿐만 아니라 다양한 상황에서 사용할 수 있을 거야. 이를 대비해서 종류별로 나누어 목록을 만들어 놓으면 더 효과적이지 않을까?

무엇을 해야 할까?

 '변수'가 뭔지 기억하나요?

 변수? 저번에 배웠잖아.
그게….

 값을 저장하는 상자 같은 거요.

 맞다! 꾸준히 공부하지 않으니 자꾸 잊어버리네.
변수에 숫자들을 저장해 다양한 식을 만들었었지.
그런데 변수가 물건을 정리하는 것과 무슨 관련이 있어?

 변수에는 숫자뿐 아니라 문자열도 저장할 수 있거든요.

 문자열?
그게 뭐야?

 '문자열'이란 우리가 사용하는 단어, 문장 등의 글자를 말해요.

 문자도 변수로 저장해놓고 필요할 때 변수명으로 가져와
사용할 수 있다는 말이구나.
숫자랑 똑같이 사용하면 되는 거야?

 조금 달라요.
파이썬에서는 텍스트를 따옴표("")로 감싸면 문자열이 돼요.

어라? 처음 무인도에 왔을 때 구조요청을 보내기 위해 따옴표를 사용했잖아. 이렇게 말이야.

print("SOS!")

맞아요. 이때 사용한 "SOS!" 또한 문자열이에요. 예리한데요?

고마워. 하지만 나는 여러 문자열을 하나로 묶어서 저장하고 싶어. 물건들이 너무 많아서 종류별로 분류하고 싶거든.

그렇게 여러 개의 자료를 한꺼번에 저장해서 처리할 때 필요한 게 '리스트'에요. 하나의 변수에 하나의 숫자나 문자를 저장하는 것이 아니라, 여러 항목을 목록으로 만들어 저장하는 거죠.

'list'는 '항목', '목록'이라는 뜻의 영어 단어잖아. 기억하기 쉽겠어.

어떻게 해야 할까?

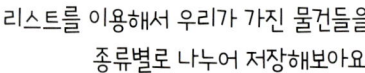리스트를 이용해서 우리가 가진 물건들을 종류별로 나누어 저장해보아요.

그럼 음식, 무언가를 만들 때 필요한 재료, 그리고 도구로 나누어 저장하자.

구분	변수명	물건
음식	food	물, 과일, 통조림
만들기 재료	things	나뭇가지, 진흙, 돌
도구	tool	칼, 가위

좋아요. 파이썬에서 변수에 리스트를 저장할 때는 **대괄호([ ])**를 이용해요. 대괄호 안에 리스트의 항목들을 적어주면 된답니다.

그럼 여러 항목을 저장할 때, 항목들은 어떻게 구분해?

각 항목은 **쉼표(,)**를 이용해 구분해줘요. 그리고 우리가 저장하려는 항목들은 숫자가 아니라 문자열이니, 필요한 게 있어요.

문자열이라고? 맞다. 문자열은 반드시 따옴표("")로 감싸주어야 한다고 했지. 깜박할 뻔했다.

맞아요. 문자열과 따옴표("")는 항상 함께라는 것! 잊지 마세요.

```
food = ["물", "통조림", "과일"]
things = ["나뭇가지", "진흙", "돌"]
tool = ["칼", "가위"]

# 문자열을 저장하기 때문에 따옴표("")를 써야 해!
# 리스트는 대괄호([ ])를 이용해 만들고, 각 항목은 쉼표(,)로 구분하렴.
```

 리스트가 잘 저장되었는지 확인하려면 어떻게 해?

우리가 그동안 해왔던 것처럼 'print' 명령어를 사용해서 리스트를 출력하면 돼요. 확인해볼까요?

```
print(food)
print(things)
print(tool)

# 이때 food, things, tool은 변수명이니까 따옴표가 필요 없어!
```

 아하! 리스트로 저장된 변수명을 출력하면 그 안에 항목들을 보여준다는 말이구나.

맞아요. 참, 변수명에는 따옴표를 붙이면 안 되니 주의하세요.

확인해 보자!

그럼 각각의 변수에 리스트가 잘 저장되었는지 살펴보자.

실행결과

['물', '통조림', '과일']
['나뭇가지', '진흙', '돌']
['칼', '가위']

그런데 이렇게 쭉 나열만 하니깐
어떤 변수에 어떤 리스트가 저장된 건지 알기 힘들어.

그렇죠? 파이썬에서는 쉼표(,)를 이용해
여러 자료를 한꺼번에 출력할 수 있다고 했잖아요.
다음과 같이 입력하면 우리가 가진 물품들을
한눈에 쉽게 파악할 수 있을 거예요.

```
print("음식 : ", food, "\n재료 : ", things, "\n도구 : ", tool)
# '\n'은 Enter 키를 누르는 것과 같은 역할을 해. 줄을 바꿔주지.
# 문자열을 쓸 때는 따옴표를 꼭 써야 하고, 변수명을 쓸 때는 따옴표를 쓰면 안 돼.
# 각 항목은 쉼표(,)로 이어주어야 오류가 나지 않아!
```

쉼표(,)로 설명하는 문자열을 연결해서 써주는 거죠.
단, 문자열과 짝꿍인 따옴표("")를 잊으면 오류가 나니 조심해요!

실행결과

음식 : ['물', '통조림', '과일']
만들기 재료 : ['나뭇가지', '진흙', '돌']
도구 : ['칼', '가위']

이렇게 하니 한결 확인하기 편하구나.
앞으로 출력을 할 때에는 항상 이렇게 내용을 확인하기 좋게
출력하는 습관을 가져야겠어!

더 알아보기

내 맘대로 문자열 바꾸기

문자열을 변수에 저장한 모습 그대로 사용할 수도 있지만, 원하는 모습으로 바꾸어 사용할 수도 있어. 자르거나 합쳐서 말이야.

1 문자열을 잘라보아요!

그럼 먼저 문자열을 잘라보도록 하자. 문자열을 자를 때에는 'split'라는 명령어를 사용해.

> 문자열 명.split("나누는 기준이 될 문자")

다음과 같이 문자열을 변수에 저장하고, 'split' 함수를 사용해 나누어보자.

```python
string = "hello world"
cut1 = string.split()           # split()는 공백을 기준으로 문자열을 잘라.
cut2 = string.split("o")        # split("o")는 'o'를 기준으로 문자열을 자른다는
                                #  의미야.
print(cut1)
print(cut2)
```

어떤 결과가 나오는지 확인해 볼까?

실행결과
['hello', 'world']
['hell', ' w', 'rld']

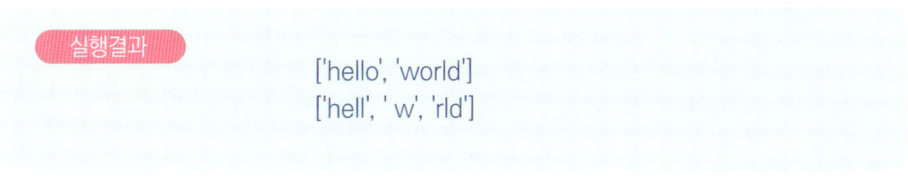

'split'는 영어로 '나누다'라는 뜻을 가지고 있어요.

뿐만 아니라 문자열을 원하는 부분만 뽑아낼 수도 있어.

> 문자열 명[시작하는 문자의 자리 - 1 : 마지막 문자의 자리]

```
string = "hello world"
part = string[1:8]
print(part)
```
2번째 문자부터 8번째 문자까지 뽑아내어 'part'라는 변수로 저장했어.

위의 프로그램을 실행시키면 다음과 같은 결과가 나오지. 이제 문자열에서 원하는 부분을 잘라 사용할 수 있겠니?

실행결과

ello wo

2 문자열을 합쳐보아요!

이번에는 문자열을 합쳐보자. 연산자 '+'를 사용하면 두 개의 문자열을 나란히 연결해서 하나의 변수로 만들 수 있어.

또 하나의 문자를 반복할 수도 있지. 이때는 연산자 ' * '를 사용하면 된단다.

```
string1 = "Hello"
string2 = "Tami"
hap1 = string1 + string2
hap2 = string1 + "," + string2
hap3 = string1*3
print(hap1)
print(hap2)
print(hap3)
```
hap1은 두 문자열을 단순히 합쳤어.
hap2는 두 문자열 사이에 쉼표를 넣어 합쳤어.
hap3는 문자열을 3번 반복해.

어떤 결과가 나올지 예상할 수 있겠니? 예상한 대로 잘 나오는지 확인해보자.

> 실행결과
> HelloTami
> Hello,Tami
> HelloHelloHello

3 문자열을 숫자형으로, 숫자형을 문자열로 변환시킬 수 있어요!

그렇다면 다음과 같이 프로그래밍을 하면 어떻게 나올까?

```
string = "내가 좋아하는 숫자는 "
num = 7
print(string + num + "이야.")
```

문자열인 'string'이라는 변수와 숫자형인 'num'이라는 변수를 연산 기호 '+'로 합치고 있어.

얼핏 보기에는 그럴듯해 보여. 하지만 이 코드는 제대로 실행되지 않고 다음과 같이 오류가 나. 이유가 뭘까?

> 실행결과
> TypeError: can only concatenate str (not "int") to str

오류에서 알려주고 있는 것처럼, 합치려는 변수 2개의 자료형이 서로 맞지 않기 때문이야. 'string'이라는 변수는 문자열, 'num'이라는 변수는 숫자형이잖아. 연산은 같은 종류의 변수끼리만 할 수 있어.

그럼 위의 코드를 고쳐보자. 어떻게 해야 할까? 바로 숫자형을 문자열로 바꾸는 거야.

```
string = "내가 좋아하는 숫자는 "
num = 7
print(string + str(num) + "이야.")
```

str(num)은 'num'이라는 숫자형 변수를 문자열로 바꾼다는 의미야.

이처럼 숫자형을 문자열로 바꿀 때에는 'str(숫자형 변수명)'을 사용해. 결과를 살펴보자.

> 실행결과
>
> 내가 좋아하는 숫자는 7이야.

반대로 문자열을 숫자형으로도 바꿀 수 있을까? 물론이야. 정수로 바꾸고 싶다면 'int(문자열 변수명)'을, 소수로 바꾸고 싶다면 'float(문자열 변수명)'을 사용한단다. 다음과 같이 말이야.

```
num1 = 2
num2 = "8"

print(num1 + int(num2))
```

> 실행결과
>
> 10

이 밖에도 문자열을 가지고 할 수 있는 유용한 명령어들이 있으니 활용해보렴.

명령어	설명	예
upper()	영문자를 대문자로 변환	변수명(문자열).upper()
lower()	영문자를 소문자로 변환	변수명(문자열).lower()
capitalize()	영문자의 첫 글자를 대문자로 변환	변수명(문자열).capitalize()
find("문자열")	변수에서 문자열의 위치 찾기	변수명(문자열).find("a")
count("문자열")	변수에서 문자열의 개수 세기	변수명(문자열).count("a")

 # 물건을 추가하자

물건을 정리하고 쉬고 있던 타미와 로보의 눈에 저 멀리 바다 건너편에서 무언가가 보였어. 비행기 잔해에서 흘러나온 상자들이 해변으로 떠내려오고 있어.

상자 안에 톱과 밧줄 그리고 라이터가 있어요!

 그럼 우리가 가지고 있는 물건들과 함께 정리해보자.

파이썬에서는 기존 리스트에 항목들을 더 추가하거나 여러 개의 리스트를 합칠 수 있어. 오늘은 리스트의 다양한 기능에 대해 알아보자.

무엇을 해야 할까?

리스트에 항목들을 추가하려면 새로운 명령어를 알아야 해요.

append

'append'는 '덧붙이다', '첨부하다'란 뜻을 가지고 있어요.

그럼 우리가 가지고 있는 물건들에 새로운 물건들을 추가해보자.
'append'를 사용해서 리스트에 새로운 항목들을 추가하려면 어떻게 해야 해?

추가하고 싶은 리스트 이름에 마침표(.)를 붙이고
'append'를 쓴 후 추가하고 싶은 항목을 쓰면 돼요.

리스트 이름.append("추가 항목")

추가하려는 항목이 문자열이니 따옴표("")를 붙여야겠네.

정답이에요!
그럼 이번에는 두 리스트를 하나로 합치는 방법을 알아볼까요?
이땐 더하기(+) 연산자를 사용해요.

리스트 1 + 리스트 2

더하기(+)를 사용하면 리스트가 더해지는구나. 간단해서 좋다!

어떻게 해야 할까?

이제 파이썬에서 리스트에 항목을 추가하고 합치는 코드를 작성해 봐요.
우선 기존에 있는 물건들로 만든 리스트를 살펴볼까요?

```
food = ["물", "통조림", "과일"]
things = ["나뭇가지", "진흙", "돌"]
tool = ["칼", "가위"]
```

이 리스트에 새로운 물건들을 추가해보세요.

우선 톱, 밧줄, 라이터는 도구들이니깐
도구들을 모아놓은 리스트인 tool에 추가하는 게 좋겠어.

```
tool.append("톱")
tool.append("밧줄")
tool.append("라이터")
```

우리가 지금 당장 필요한 물건들은 집을 지을 재료잖아요.
그럼 집을 지을 때 필요한 재료와 도구들만 모아서 'house'라는 이름으로
새로운 리스트를 만들어 보는 건 어때요?

좋은 생각이야. 그럼 리스트 house는
리스트 things와 리스트 tool을 합쳐 만들면 되겠다.
코드로 작성하면 이렇게 되겠지?

```
house = things + tool
```

확인해 보자!

이제 어떤 결과가 나오는지 확인해 보자.
리스트들이 어떻게 변했을까?

리스트 tool을 출력하면 다음과 같은 결과가 나와요.
원래 항목에 톱, 밧줄, 라이터가 추가되었죠?

실행결과

['칼', '가위', '톱', '밧줄', '라이터']

정말이네? 그럼 집을 지을 때 필요한 물건들의 리스트인 house를 출력하면 things 와 tool의 항목이 모두 들어 있을 거야.

실행결과

집을 짓기 위해 필요한 물건들 : ['나뭇가지', '진흙', '돌', '칼', '가위', '톱', '밧줄', '라이터']

제법인걸요?
이제 집을 짓기 위해 필요한 물건들을 모두 정리했으니 집을 빨리 만들어 봐요.

집은 로보가 짓는 거 아니었어? 로보만 믿을게^^

네? 저 혼자 어떻게….
혼자서는 무리라고요!

장난이야, 장난! 로보에게만 일을 떠맡길 리가.
정리한 물건들로 힘을 합쳐 집을 지어 보자고!

더 알아보기

리스트의 변신은 무죄!

1 리스트의 각 항목에는 이름이 있어요.

리스트는 여러 항목을 모아놓은 형태라고 했지? 만약 다음과 같이 리스트를 만들었다고 생각해보자.

aa = ["a", "b", "c", "d"]

그렇다면 리스트의 각 항목을 꺼내서 사용하려면 어떻게 해야 할까? 그럴 땐 리스트의 각 항목에 번호를 붙여서 불러와. 이 번호를 '인덱스'라고 해.

'인덱스(index)'란, 리스트의 각 항목의 번호를 뜻해요.
영어로 '색인'이라는 뜻이랍니다!

리스트 이름 뒤에 대괄호([ ])를 사용해 번호를 붙이면 해당 자리의 항목만을 불러올 수 있어. 다음 그림처럼 말이야.
하지만 이때 주의해야 할 점은 리스트의 각 항목의 인덱스는 '0'부터 시작한다는 거야. 잊지 마. 첫 번째 항목의 인덱스가 '1'이 아니라 '0'이라는 사실!

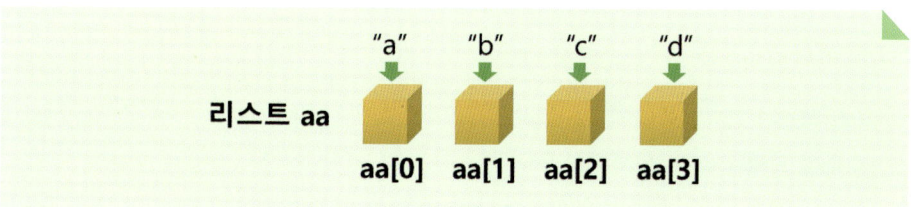

그럼 우리 인덱스를 이용해서 리스트 aa의 첫 번째 항목을 출력해보자.

왼쪽과 같이 'aa[0]'를 출력하면 오른쪽과 같이 해당 항목의 값인 'a'가 결과로 나타날 거야.

2 리스트를 변신시켜요!

이번에는 리스트를 다양하게 변신시켜 보자. 리스트의 항목을 삭제시키기도 하고 순서를 바꾸기도 할 거야. 리스트를 변신시킬 때에는 앞에서 항목을 추가할 때와 마찬가지로 마침표(.)를 사용한단다. 리스트의 이름을 쓰고 마침표를 쓴 뒤 명령어를 입력하는 거지.

> **리스트 이름.명령어(항목)**

우선 항목을 삭제시키는 방법에 대해 알아볼까? 항목을 삭제할 때에는 'remove'라는 명령어를 사용해. 이때 괄호 안에는 항목의 값을 써도 좋고, 인덱스를 이용해도 돼. 다음과 같이 말이야.

```
aa = ["a", "b", "c", "d"]
aa.remove("b")

print(aa)

# "b"라는 값의 항목을 삭제시킬 거야.
```

```
aa = ["a", "b", "c", "d"]
aa.remove(aa[1])

print(aa)

# 인덱스가 1인 항목을 삭제시킬 거야.
```

인덱스가 1인 항목이 곧 "b"라는 값을 가지고 있는 항목이니, 이 두 코드는 서로 같은 결과를 보여줄 거야. 확인해보자.

실행결과

['a', 'c', 'd']

이 밖에도 항목의 순서를 뒤집는 'reverse', 순서를 정렬해주는 'sort' 등의 명령어가 있단다. 각각 어떤 결과가 나오는지 직접 확인해보렴.

```
aa = ["a", "b", "c", "d"]
aa.reverse()
print("뒤집기 : ", aa)

aa.sort()
print("정렬하기 : ", aa)
```

실행결과

뒤집기 : ['d', 'c', 'b', 'a']
정렬하기 : ['a', 'b', 'c', 'd']

'remove'는 '없애다', 'reverse'는 '뒤집다', 'sort'는 '분류하다'라는 뜻을 가진 영어 단어랍니다.

로보가 내주는 숙제

이번 시간에는 문자열 변수들을 사용해서 리스트를 만들고 활용하는 것에 대해 배웠어. 리스트에 대해 좀 더 연습해보자.

1. 문방구 A에서는 지우개, 가위, 풀 그리고 슬리퍼를 팔고 있었어. 이제 과자, 음료수, 모자도 팔려고 해. 리스트를 통해 문방구 A가 파는 물건들 종류를 나열해봐.

2. 동물원 A와 동물원 B가 있어. 각각의 동물원에는 다음과 같이 동물들이 사는데 어느 날 동물원 두 개가 합쳐서 동물원 C를 만들기로 했어. 동물원 C의 동물들을 리스트로 구해봐.

동물원 A				
호랑이	독수리	고래	표범	악어

동물원 B				
코끼리	기린	펭귄	사자	미어캣

한눈에 보기

배운 내용을 얼마나 기억하고 있는지 복습해볼까?

CHECK 1

문자열 변수
- 변수에는 숫자뿐 아니라 문자열도 저장
- 문자열 : 단어, 문장들을 포함한 모든 글자
- 문자열은 항상 따옴표("")로 감싸주기

CHECK 2

리스트 알아보기
- 리스트 : 여러 항목을 모아 목록으로 변수에 저장하는 형태
- 리스트를 생성할 때는 대괄호([ ])를 사용하고, 각 항목은 쉼표(,)로 구분

CHECK 3

리스트 활용하기
- 리스트 항목 추가하기 : 리스트 이름.append("추가항목")
- 두 리스트 합치기 : 리스트1 + 리스트2

4일차
선택의 기로
― 조건문 : if문

5일차
동굴에 들어가자
― 반복문1 : for문

6일차
괴수를 내쫓아요
― 반복문2 : while문

선택의 기로
– 조건문 : if문 –

학습내용
- 참/거짓 판단하기
- 비교연산자 알아보기
- 조건문 알아보기

영어 단어로 미리 보는 파이썬 용어

- **true**   사실인, 참인, 맞는
- **false**   틀린, 사실이 아닌
- **if**   만약 ~라면
- **else**   그 밖의
- **input**   입력

4일차

사냥을 해서 식량을 모아요

지금까지 타미와 로보는 무인도에서 살아남기 위해 물을 모으고 집을 지었어. 그렇지만 이것만으로는 충분하지 않아. 먹을 식량이 떨어져가고 있는걸. 무인도에 슈퍼마켓이나 음식점은 없지만 다행히 야생동물들이 많이 있어.

 우리 작은 동물을 사냥해서 식량을 모아보자.

하지만 아무 동물이나 함부로 사냥하려고 했다가는 오히려 사나운 짐승의 먹잇감이 되어버릴지도 몰라.

사냥하기에 적당한 동물인지 판단할 수 있는 프로그램을 만들어 보세요.

동물을 발견했을 때 그 크기가 30cm보다 작은 동물만 사냥하려고 해. 동물의 크기에 따라 사냥을 해도 되는지 판단하는 프로그램을 만들어 보자.

무엇을 해야 할까?

 복잡해 보이는데…. 과연 내가 할 수 있을까?

 물론이죠! 복잡해 보이는 프로그램이라도 다음과 같이 나타내면 어떤 프로그램을 만들어야 하는지 한눈에 알 수 있어요.

① 발견한 동물의 크기를 설정한다.
② 30cm보다 작은지 판단한다.
③ 1) 만약 그렇다면 "동물을 잡을 수 있어요!"를 출력하고,
　　2) 만약 그렇지 않다면 "위험할 수 있으니 도망치세요!"를 출력한다.

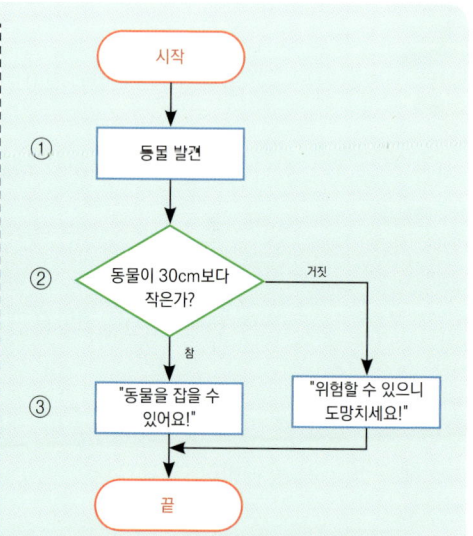

 이렇게 문제를 논리적으로 해결하기 위해 필요한 절차를 모아 놓은 것을 '알고리즘'이라고 한답니다.

 위에서부터 화살표를 따라 하나씩 읽어 내려가면 되는 거구나.

 그렇죠! ①번과 같이 동물의 크기를 설정했을 때, 누군가 ②번처럼 "동물의 크기가 30cm보다 작다."라는 문장이 사실인지 묻는다고 생각해 보세요.

만약 동물의 크기가 30cm보다 작다면 이 문장은 참이 되고, 그렇지 않다면 거짓이 될 거야.

이렇게 어떠한 문장이 참이라면 'T(True)'로, 거짓이면 'F(False)'로 표현해요.

그렇지만 참/거짓(T/F)을 판단할 수 있는 문장을 어떻게 만들지?

좋은 질문이에요. 그럴 때 사용하는 것이 '비교연산자'랍니다. 비교연산자를 이용해 <u>두 값을 비교</u>하여 참/거짓을 판단하는 문장을 만들죠.

비교연산자에는 어떤 것들이 있는지 알려줘! 너무 궁금해.

비교연산자	설명	예	
a == b	a값과 b값이 같다	1 == 1	T
		1 == 2	F
a != b	a값과 b값이 다르다	1 != 1	F
		1 != 2	T
a < b	a값이 b값보다 작다	1 < 2	T
		1 < 1	F
a > b	a값이 b값보다 크다	2 > 1	T
		2 > 2	F
a <= b	a값이 b값보다 작거나 같다	2 <= 2	T
		2 <= 1	F
a >= b	a값이 b값보다 크거나 같다	2 >= 2	T
		2 >= 3	F

어때요? 수학시간에 배운 부등호와 비슷하죠?

하지만 왼쪽 값과 오른쪽 값이 같은지 비교할 때
등호인 '='를 쓰지 않고 '=='를 쓰네?

역시 예리해요! 값이 같은지 비교할 때에는 '=='를 쓴다는 사실에 주의해야 해요.
파이썬에서 '='는 다른 곳에 쓰이거든요.

맞다! 파이썬에서 '='는 변수에 특정한 값을 대입한다는 의미였어.

열심히 공부한 보람이 있군요.
그럼 이것도 할 수 있나요? 동물의 크기가 30보다 작은지 판단할 수 있는 문장을
만들려면 어떻게 해야 할까요?

30과 비교해야 하니 비교연산자를 사용하면 되겠지?
이렇게 '<'를 사용해서 말이야.

> 동물의 크기 < 30

그렇죠! 비교연산자를 사용해 참/거짓(T/F)을 판단하는 문장을 만드는 방법은
앞으로도 자주 사용될 거예요.

그럼 이제 ③번과 같이 '만약 ~라면(참이라면)',
또는 '그렇지 않다면(거짓이라면)' 어떤 행동을 하도록 만들 차례야.

그럴 때 사용하는 것이 '조건문'이에요.

 조건문?
그건 또 뭐야?

어렵지 않아요.
만약 어떤 조건이 참이라면 어떤 행동을 하고,
거짓이라면 다른 행동을 하게 만드는 거예요.

 오! 지금 딱 필요한 거잖아?
어떻게 만들 수 있는데? 빨리 알려줘.

알겠어요. 진정해요.
파이썬에서는 'if'와 'else'를 사용해서 조건문을 만들 수 있어요.
여기서 'if'는 '만약 ~라면', 'else'는 '그 밖의'란 뜻을 가진 영어단어예요.

 파이썬 공부를 하니 영어 공부도 되네.
일석이조인걸!

어떻게 해야 할까?

앞에서 생각한 과정에 따라 차근차근 프로그램을 작성해봐야겠어.
첫 번째로 할 게 뭐였지?

발견한 동물의 크기를 설정해야 해요.

이때 필요한 것은 바로 변수!
동물의 크기를 'animal'이라는 변수로 설정해야겠어.

우리가 발견한 동물이 17cm이었으니 이렇게 설정하면 돼요.

```
animal = 17
```

이제 변수 animal의 값이 30보다 작은지 알아볼 거야.
비교연산자를 사용해서 다음과 같이 문장을 만들면 되겠다.

```
animal < 30
```

그럼 파이썬에서 이 문장이 참인지 거짓인지 판단하겠군요.

만약 참이라면 "동물을 잡을 수 있어요!"라고 출력하고,
거짓이라면 "위험할 수 있으니 도망치세요!"라고 출력하도록 하자.

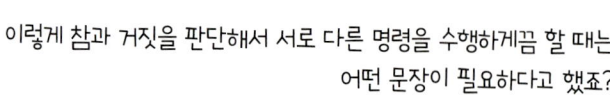

이렇게 참과 거짓을 판단해서 서로 다른 명령을 수행하게끔 할 때는
어떤 문장이 필요하다고 했죠?

조건문! 그리고 조건문은 'if'와 'else'를 사용해서 만들 수 있다고 했지.
하지만 정확히 어떻게 사용해야하는지 모르겠어.

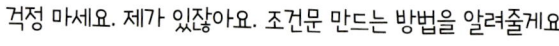

걱정 마세요. 제가 있잖아요. 조건문 만드는 방법을 알려줄게요.

if 비교연산자를 사용한 문장 :
　▭ 문장이 참이라면 수행할 명령문

else :
　▭ 문장이 거짓이라면 수행할 명령문

'if 비교연산자를 사용한 문장'과 'else' 뒤에 '콜론(:)'을 잊지 마.

참/거짓인 경우 수행할 명령문은 반드시 들여쓰기(▭)를 해야 해!

 들여쓰기는 어떻게 해야 하지?

스페이스 바(space bar)를 이용해 빈칸 4칸 만들거나, 키보드의 탭(tab) 키를 누르면 돼요.

 둘 중 어떤 방법을 써도 상관없니?

네, 하지만 파이썬 가이드에서는 빈칸 4칸으로 구분하는 것을 권장하니 참고하세요.

　조건문을 작성할 때에는 이 형식을 지켜야 해요. 특히 '콜론(:)'을 써야 한다는 사실과 들여쓰기를 해야 한다는 사실을 잊지 마세요!

 좋아. 이 형식에 맞춰서 동물의 크기가 30보다 작은 경우와 그렇지 않은 경우에 서로 다른 말을 출력하는 프로그램을 작성해볼게.

```
if animal < 30 :
    print("동물을 잡을 수 있어요!")
else :
    print("위험할 수 있으니 도망치세요!")
```

'콜론(:)'과 들여쓰기에 주의하렴.

그럼 우리가 발견한 동물의 크기, 즉 변수 animal의 값이 17이었으니 이 프로그램을 실행시키면 어떤 결과가 나올까요? 예상해 봐요.

선택의 기로 • 4일차

확인해 보자!

과연 내가 예상한 것과 같은 결과가 나올까?
기대되는걸.

실행결과

동물을 잡을 수 있어요!

우리가 설정한 조건문인 'animal < 30'이라는 문장은 참이기 때문에 위와 같은 결과가 나와요. 예상한 결과와 같나요?

오, 내가 맞췄어!
그렇다면 만약 35cm인 동물을 만난다면 어떻게 해야 할까?

그럼 변수 animal의 값을 35로 설정해서 실행해보면 되겠네요.
어서 그 동물을 사냥해야 할지, 아니면 도망가야 할지 알아봐요.

# 먹어도 될까?

이제 타미는 적당한 크기의 동물들을 사냥해서 식량을 모을 수 있게 되었어. 그런데 동물들을 잡아 보관해 둔 식량 창고에서 이상한 냄새가 나는 것 같아.

식량이 오래되어 상한 것 같아요.
먹으면 안 되겠어요.

 이번엔 7일을 기준으로 버려야 하는 것과 당장 먹어야 하는 것, 그리고 더 보관할 것을 구분하는 프로그램을 만들어 볼까?

기간에 따라 식량을 버릴지, 먹을지, 아니면 더 오래 보관할지 결정하는 프로그램을 만들자. 이번에는 3가지 조건에 따라 다른 행동을 하는 프로그램을 만드는 거야. 이렇게 조건문에 더 다양한 조건을 넣고 싶으면 어떻게 해야 할까? 조건문에 대해 더 자세히 알아보자!

선택의 기로 • 4일차

무엇을 해야 할까?

저번처럼 알고리즘을 사용해서 우리가 어떤 프로그램을 만들어야 하는지 정리해보자.

① 식량을 보관한 기간을 입력받는다.
② 7일을 초과하는지 판단한다.
③ 1) 만약 그렇다면, "이미 상했어요." 라고 출력한다.
   2) 그렇지 않다면, 7일과 같은지 판단한다.
④ 2)-1 만약 그렇다면 "지금 바로 먹어야 해요."라고 출력하고,
   2)-2 그렇지 않다면 "먹어도 안전해요."라고 출력한다.

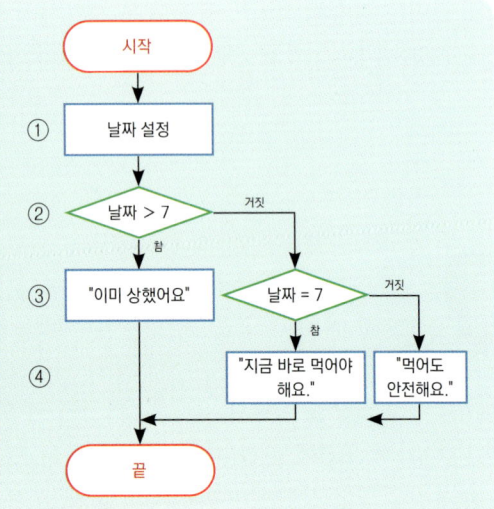

흠…. 고민이 생겼어.
이번에는 ①번처럼 식량의 보관 기간을 그때그때 입력할 수 있게 만들고 싶은데 방법을 모르겠어.

프로그램 안에서 변숫값을 '설정'하는 것이 아니라, 프로그램을 실행할 때마다 변숫값을 새롭게 '입력'받으려는 거죠?

맞아.
그렇게 하면 매번 코드를 고쳐서 변숫값을 설정할 필요가 없잖아.
할 수 있을까?

물론이죠. 'input'이라는 명령어를 사용하면 변숫값을 지정하지 않고 입력받아 사용하도록 프로그램을 만들 수 있어요.

input()

 역시 로보는 모르는 게 없구나. ②번은 내가 해볼게.
앞에서 배운 if문을 사용해서 보관기간의 값이 7보다 큰 지 확인하는 거야.

그래요.
비교연산자를 사용해서 참/거짓(T/F)을 판단할 수 있는 문장을 만들고
if문으로 조건문을 완성하는 거죠.

어라, 그런데 문제가 있어.
보관기간이 7일 이상일 때와 그렇지 않을 때로 나눌 순 있어.
하지만 보관기간이 7일보다 길지 않은 경우라도,
딱 7일인지 아니면 7일보다 짧은지 확인하고 싶으면 어쩌지?

이번에는 판단하고 싶은 조건이 두 개네요.

조건 1. 보관기간이 7보다 크다.
조건 2. 그렇지 않고, 보관기간이 7과 같다.

이처럼 '그렇지 않고 만약 ~라면(앞의 조건은 거짓이고 다음 조건은 참이라면)'의
의미를 가진 것이 바로 'elif'예요.

 'elif'? 어디서 본 것 같은데?

'elif'는 'else'에서 가져온 'el'과 'if'를 합친 형태랍니다.

어떻게 해야 할까?

이제 우리가 생각한 과정에 따라 프로그램을 작성해보자.
우선 프로그램을 실행할 때마다 값을 사용자로부터 입력받아 사용하기로 했어.

그럴 때 'input'이라는 명령어를 사용한다고 했죠? 다음과 같이 사용해요.

변수명 = input()

보관기간을 의미하는 변수 외 이름을 'days'라 설정하고,
'input'을 이용해서 값을 받는 코드를 작성해볼게요.

days = int(input())

그런데 'int'라는 게 왜 붙어있지?

'int'는 문자열을 숫자형 자료로 바꿔주는 역할을 한다고 배웠죠?
'input()'을 사용해 입력한 값은 무조건 문자열로 받아들여지기 때문에
'int'를 사용해 숫자형으로 바꿔줘야 해요.

아하! 보관기간이라는 변수가 숫자여야 다른 숫자와 크기를 비교할 수 있으니,
문자열로 받아들인 변수를 숫자형으로 바꾸려는 거구나?

맞아요. 다음과 같이 사용할 수 있어요.
이제 위의 코드가 이해가 되지요?

int(숫자형으로 바꿀 문자열)

그럼 이제 조건문을 사용해서 문제를 해결해볼까요?
우선 '기간이 7보다 크다'라는 문장이 참인지 판단하려고 해요.

만약 참이라면 "이미 상했어요."를 출력하자. 만약 그렇지 않다면, 이번엔 두 번째 조건인 '기간이 7과 같다'라는 문장을 판단하게 해.

만약 두 번째 조건이 참이라면 "지금 바로 먹어야 해요."를 출력하고, 이번에도 거짓이라면 "먹어도 안전해요."를 출력하는 거죠.

"만약 ~라면", "그렇지 않고, 만약 ~라면", "그렇지 않다면"의 순서로 코드를 작성하면 되겠구나!

그렇죠. 'if'와 'elif', 그리고 'else'를 사용해서 말이에요. 사용방법을 정리하면 이런 형태랍니다.

```
if 비교연산자를 사용한 문장1 :
    ■ 문장1이 참이라면 수행할 명령문
elif 비교연산자를 사용한 문장2 :
    ■ 문장1은 거짓이고, 문장2가 참이라
      면 수행할 명령문
else :
    ■ 문장1, 2가 모두 거짓이라면 수행할
      명령문
```

\# 이번에도 마찬가지로 '콜론(:)'을 잊으면 안 돼.

\# 참/거짓인 경우 수행할 명령문은 반드시 들여쓰기(■)를 해야 해!

좋아. 그럼 이 형식대로 프로그램을 작성해 볼게.

```
if days > 7 :
    print("이미 상했어요.")
elif days == 7 :
    print("지금 바로 먹어야 해요.")
else :
    print("먹어도 안전해요.")
```

멋져요! 보관기간에 따라 음식의 상한 정도를 판단하는 프로그램을 다 만들었어요. 어떻게 작동할지 궁금하니 어서 확인해 봐요.

확인해 보자!

어디 한 번 결과를 살펴볼까?

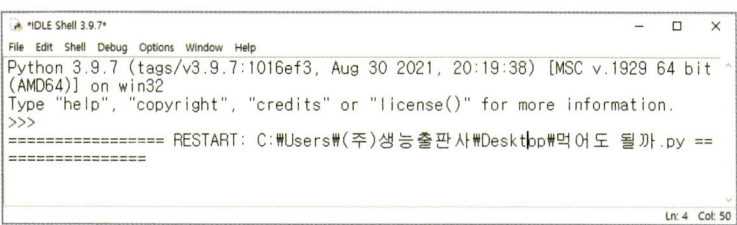

앗, 아무것도 나오지 않잖아?

당황하지 마세요!
우리 'input'을 사용해서 변수의 값을 입력받아
숫자형으로 변환하게끔 프로그램을 만들었잖아요.

그렇지, 참! 그럼 숫자를 입력해봐야겠다.

입력한 숫자는 우리가 설정한 변수 'days', 즉 보관기간의 값이 될 거예요.

제일 먼저 8일 동안 보관한 식량을 확인해 봐야겠어.
8을 입력해보자.

> 실행결과
>
> 8
> 이미 상했어요.

'days > 7'이라는 문장이 참이니까 이미 상했다고 하는구나.

그럼 보관기간이 7일된 식량은 어떨까요?
다시 프로그램을 실행해서 이번에는 7을 입력해 봐요.

 **실행결과**
7
지금 바로 먹어야 해요.

보관기간이 7일이라면 첫 번째 조건인 'days > 7'이라는 문장은 거짓이지만,
두 번째 조건인 'days == 7'이라는 문장은 참이기 때문에 이런 결과가 나오는구나.

한 번 더 프로그램을 실행해서 5를 입력해 봐요.
보관기간이 5일이라면?

 **실행결과**
5
먹어도 안전해요.

두 조건이 모두 거짓이기 때문에 이런 결과가 나오는구나.
우리가 의도한 대로 잘 작동하는 프로그램이 완성됐어!

더 이상 상한 음식을 먹을 걱정은 없겠는걸요?

더 알아보기
조건을 더욱 자세하게!

1 논리연산자

조건을 더 자세하게 만들기 위해 '논리연산자'를 사용할 수 있어. '논리연산자'란 참과 거짓을 판단하기 위해 두 가지 이상의 조건을 '그리고', '또는', '~이 아니다'로 이어주는 연산자를 말해. 다음과 같이 세 가지 종류가 있단다.

논리연산자	의미	설명
a and b	그리고	a와 b가 모두 참일 때만 참
a or b	또는	a와 b 중 하나만 참이어도 참
not a	~가 아니다.	a가 거짓일 때 참

2 조건문 속의 조건문

구체적인 조건을 만드는 또 한 가지 방법은 조건문 안에 또다시 조건문을 쓰는 거야. 이번에는 우리 한번 만들어보자. 놀이동산에 가면 놀이기구가 있지? 놀이기구를 타기 위한 키와 몸무게 제한을 조건으로 해볼 거야. 다음과 같은 알고리즘을 프로그래밍하려면 어떻게 해야 할까?

① 키와 몸무게를 입력받는다.
② 키가 150 이상인지 판단한다.
③ 1) 만약 그렇다면, 몸무게가 40 이상인지 판단한다.
　2) 그렇지 않다면, "키가 너무 작아요."라고 출력한다.
④ 1)-1. 만약 그렇다면, "탈 수 있습니다."라고 출력하고,
　1)-2. 그렇지 않다면, "몸무게가 너무 가벼워요."라고 출력한다.

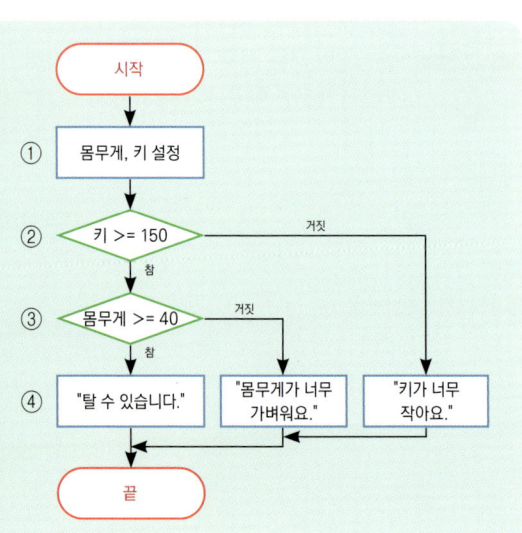

제일 먼저 키와 몸무게를 입력받는 코드를 작성해야 해.

```
height = int(input("키를 입력하세요 : "))
weight = int(input("몸무게를 입력하세요 : "))
```

키와 몸무게를 설정했으면 조건문을 만들어 보자. 키가 150 이상인지 판단하는 조건문 안에 몸무게가 40 이상인지 판단하는 조건문을 넣는 거야. 그러니 몸무게를 판단하는 조건문은 들여쓰기를 해야 한다는 점에 주의해야 해.

```
if height >= 150 :
    if weight >= 40 :
        print("탈 수 있습니다.")
    else :
        print("몸무게가 너무 가벼워요.")
else :
    print("키가 너무 작아요.")
```

한번 자신의 키와 몸무게를 입력해서 실행해보렴.
이렇게 다양한 조건문을 만들면 원하는 프로그램을 만드는 데 큰 도움이 된단다.

로보가 내주는 숙제

조건문을 이용해 알고리즘을 생각하고 프로그래밍하는 법을 배운 첫 시간이었어. 이제 진짜 프로그래머가 되는 길에 많이 가까워진 것 같은데? 그럼 오늘 배운 내용에 대해 복습해보자.

1 5824가 3의 배수인지 아닌지 알아보는 코드를 작성해보자. 3의 배수라면 '3의 배수입니다.'를 출력하고, 그렇지 않다면 '3의 배수가 아닙니다.'를 출력하는 거야. 75쪽의 비교연산자 중에서 어떤 것을 써야 할지 생각해봐.

2 다른 사람의 나이를 입력받고, 다른 사람의 나이가 자신의 나이보다 많으면 존댓말로 "안녕하세요!", 자신과 같으면 "안녕, 친구야!", 자신의 나이보다 적으면 "안녕, 동생아!"라고 인사하는 프로그램을 작성해보자. elif를 사용하면 되겠지?

3 배운 내용을 종합하여 계산기를 만들어보자. 우선 첫 번째 수와 두 번째 수를 각각 입력받고, 마지막으로 연산 기호도 입력받아. 연산 기호가 '+'라면 덧셈, '-'라면 뺄셈, '*'라면 곱셈, '/'라면 나눗셈을 해서 결과를 보여주는 거야.

한눈에 보기

배운 내용을 얼마나 기억하고 있는지 복습해볼까?

CHECK 1

참/거짓(T/F) 판단하기
- 참인 문장을 T(True), 거짓인 문장을 F(False)라고 표현한다.
- T/F를 판단할 수 있는 문장을 만들기 위해서 비교연산자를 사용한다.

CHECK 2

비교연산자 알아보기
- T/F를 판단할 수 있는 문장을 만들기 위해 사용한다.
- '값이 같다'는 의미의 비교연산자는 '=='이다. '='을 쓰지 않도록 주의한다.

CHECK 3

조건문 알아보기
- 'if', 'elif', 'else'는 각각 '만약 ~라면', '그렇지 않고 ~라면', '그렇지 않다면'을 의미한다.
- 콜론(:)과 들여쓰기를 잊지 않도록 한다.

5일차

동굴에 들어가자
— 반복문1 : for문 —

학습내용
- for문이란?
- range() 알아보기
- for문 활용하기

영어 단어로 미리 보는 파이썬 용어

- **range**   거리(범위)

 # 용기를 내!

다음날 타미와 로보는 더 많은 식량을 구하기 위해 길을 나섰어. 식량을 찾아 헤매다 보니 어느덧 날이 저물어 주변이 깜깜해졌어. 앗! 설상가상으로 비가 한두 방울씩 떨어지고 있어. 비를 피할 곳을 찾아보자.

 여기 동굴이 있어.
하지만 동굴 안이 너무 어두워서 들어가기 무서워. 용기를 좀 줘, 로보.

두려움을 떨쳐낼 수 있도록 응원을 해줄게요!

아무래도 타미는 용기가 필요한 것 같아. 타미에게 용기를 주기 위해 로보가 파이팅을 7번 외쳐줄려고 해.
이렇게 같은 행동을 반복하게끔 하기 위해서는 어떻게 해야 할까? 물론 같은 명령어를 여러 번 작성해도 되지만, 이것보다 쉽고 효과적인 방법은 없을까?

무엇을 해야 할까?

 같은 행동을 반복해야 하니 같은 명령문을 여러 번 쓰면 되잖아.

 하지만 '반복문'을 사용하면 더 간단하고 효율적이랍니다.

 같은 명령어를 쓸 필요 없이 한 번에 프로그래밍할 수 있다고?

 네, 특히 어떤 행위를 정해진 횟수만큼 반복하기 위해서 'for'라는 명령문을 사용해요. 이렇게 'for'를 사용해서 만든 문장을 'for문'이라고 부르죠.

 그럼 '파이팅'을 7번 출력하려면, 같은 명령어를 7번이나 쓸 필요가 없겠구나.

 맞아요. 그럼 우리가 만들고 싶은 프로그램을 살펴볼까요?

① 정해진 횟수보다 적은지 확인한다.
② 만약 범위 안에 있다면 "파이팅"이라고 출력한다.
③ ①, ②를 반복하다가 정해진 횟수보다 많아지면 프로그램을 마친다.

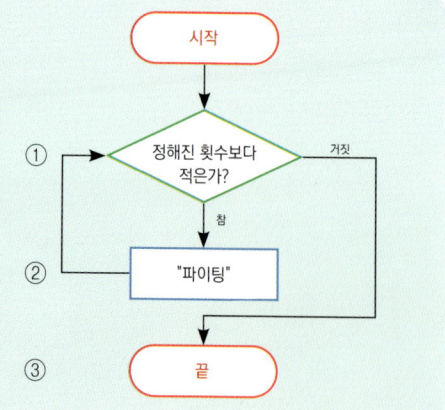

 'for'를 사용해 반복하게 할 수 있다면, 횟수는 어떻게 지정하는데?

 'range( )'라는 명령어를 사용하면 돼요.

 'range'라면 '범위'라는 뜻의 영어 단어잖아.

 맞아요. 이제 'for문'과 'range'를 사용하는 방법을 알려줄게요.

어떻게 해야 할까?

문장을 반복하게 하기 위한 'for문'은 다음과 같이 사용해요.

for 변수명 in range(반복 횟수) :
　▮ 반복하여 수행할 문장

\# '콜론(:)'을 잊지 마.
\# 반복하여 수행할 문장은 반드시 들여쓰기(▮)를 해야 해!

변수명에는 아무 이름이나 써도 돼?
이 변수는 어떤 역할을 하는 거야?

하나씩 천천히 알려줄 테니 잘 들어보세요.
변수명은 보통 'i'나 'x'를 사용하지만 어떠한 이름을 써도 상관없어요.
이 변수가 처음에는 0에서 출발해서 명령문을 한 번 수행할 때마다 1씩 커지게 돼요.
변수가 '반복 횟수'에 도달하게 되면 반복문이 종료되는 거죠.

그럼 만약 변수명을 'i'라 하고 "파이팅"을 출력하는 행위를 7번 반복하게 하려면
반복 횟수에 7을 넣으면 되겠군.
이렇게 말이야.

```
for i in range(7) :
    print("파이팅")
```

제법인걸요.
자, 이 반복문이 잘 작동하는지 확인해 봐요.

동굴에 들어가자 • **5일차** **95**

확인해 보자!

 프로그램을 실행하면 어떤 결과가 나오나요?

실행결과

파이팅
파이팅
파이팅
파이팅
파이팅
파이팅
파이팅

 같은 내용을 여러 번 쓰지 않고 이렇게 간단하게 프로그래밍할 수 있다니 정말 놀라워!

맞아요. 다음엔 반복횟수를 바꿔보는 것도 재밌을 것 같아요! 그나저나 응원을 들으니 힘이 좀 나요?

 응! 로보의 응원을 들으니 용기가 샘솟아. 동굴에 들어갈 수 있겠어.

# 동굴 탐험을 하자!

로보가 파이팅을 외쳐주니 타미도 용기가 나나 봐. 이제 동굴에 들어가 보자. 그렇지만 우리는 동굴이 얼마나 깊은지, 얼마나 복잡한지도 알지 못해. 어쩌면 길을 잃을 수도 있겠는걸.

 동굴 안에서 길을 잃고 헤매면 어쩌지?

그때 타미는 헨젤과 그레텔 이야기가 떠올랐어. 중간 중간 표시를 남겨서 돌아올 때 쉽게 길을 찾을 수 있도록 하는 거야.

10m를 지날 때마다 표시하면서 들어가는 것이 좋겠어요.

동굴 깊숙이 들어가는 것은 위험할 수 있으니 100m까지만 들어가려고 해. 이처럼 표시를 '반복'하려면 앞에서 배운 for문을 사용하면 돼. 이번에는 for문에 대해 더 자세하게 알아보게 될 거야.

무엇을 해야 할까?

반복해서 표시를 하니 앞서 공부한 for문을 사용하는 게 좋겠어요.
한번 복습해볼까요? for문은 어떤 경우에 쓰인다고 했죠?

어떤 행위를 정해진 횟수만큼 반복하기 위해 사용하는 거지.
그런데 이번에는 정해진 횟수만큼 반복하는 게 아니라,
100m가 될 때까지 10m 간격으로 행위를 반복해야 하잖아.

그렇죠. 앞에서는 변수 i가 0부터 시작해서 1씩 커지다
정해진 숫자에 도달하면 멈추었었죠?

오호라. 이번에는 변수 i가 10부터 시작해서 10씩 커지다가
100에 도달하면 멈추도록 하면 되겠다.

맞아요. 응용력이 대단해요.
그럼 이번에도 알고리즘을 그려서 확인해 봐요.

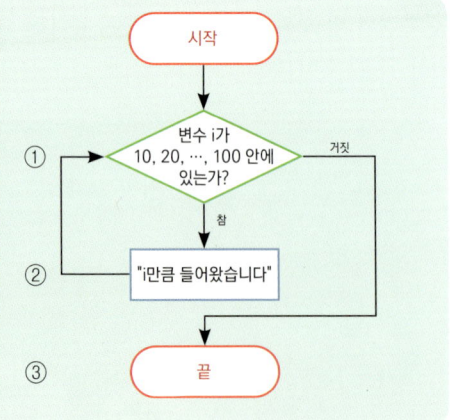

① 변수 i가 정해진 범위(10, 20, …, 100) 안에 있는지 확인한다.
② 만약 범위 안에 있다면 "i만큼 들어왔습니다."라고 출력하고,
③ ①, ②를 반복하다가 변수 i가 범위를 벗어나면 반복문을 종료한다.

어떤 프로그램을 만들어야 할지는 알겠는데
어떤 명령어를 사용해야 할지는 잘 모르겠어.

이번에도 'range( )'를 사용해요. 더 자세히 공부해볼까요?

좋아, 좋아!

어떻게 해야 할까?

이번에도 정해진 범위 내에서 같은 행위를 반복하니까, for문을 사용해 프로그램을 작성한댔지?

맞아요. 다만 변수 i의 범위를 구체적으로 정하기 위해서는 range( )라는 명령어에 대해 자세히 알아야 해요.

range( )라면, 괄호 안에 반복 횟수를 쓰면 된다고 배웠어.

그렇게 간단히 사용할 수도 있지만, 사실 range( )라는 명령어는 다음과 같이 구성되어 있어요.

range(시작값, 종룟값, 간격)

for문의 변수는 시작값부터 출발해서 간격만큼 커져요. 점점 커지다가 종룟값에 도달하면 반복문이 종료되는 거예요.

우리는 10m에서 처음 표시를 하려고 하니 시작값은 10이겠구나.

그럼 종룟값은 어떻게 설정할까요?

100m까지만 들어가기로 했으니 종룟값은 100으로 설정하면 되겠지.

아니에요. 변수 i가 종룟값에 도달하면 반복문이 끝난다고 했죠? 만약 종룟값을 100으로 한다면 100m는 표시하지 않고 프로그램이 종료될 거예요.

 그렇구나. 그럼 어떻게 설정해야 하지?

그러니 종룟값은 항상 자기가 원하는 마지막 변수의 크기에 1을 더해 설정해야 해요.

 알겠다.
우리는 100에 1을 더한 101로 설정하면 되는구나.

네, 잊지 마세요! 변수가 종룟값에 도달하면 반복문이 종료된다는 것!
그러니 항상 '원하는 마지막 변수 + 1'를 종룟값으로 설정하세요.

 마지막으로 간격을 설정해보자. 10m마다 표시를 하고 싶으니, 간격은 10으로 설정하면 되겠다!

```
for i in range(10, 101, 10) :
    print(i, "만큼 들어왔습니다.")
```

이번에도 마찬가지로 '콜론(:)'과 들여쓰기
( )에 주의해!

좋아요.
이렇게 하면 10m마다 반복해서 동굴 속으로 얼마나 들어왔는지 출력할 거예요.

확인해 보자!

어떤 결과가 나오는지 확인해보자.

실행결과

10 만큼 들어왔습니다.
20 만큼 들어왔습니다.
30 만큼 들어왔습니다.
40 만큼 들어왔습니다.
50 만큼 들어왔습니다.
60 만큼 들어왔습니다.
70 만큼 들어왔습니다.
80 만큼 들어왔습니다.
90 만큼 들어왔습니다.
100 만큼 들어왔습니다.

변수 i의 값이 시작값인 10부터 출발해 간격이 10씩 늘어나고 있죠?
반복해서 문장을 출력하고 있고요.

반복해서 문장을 출력하다가 종룟값이 101에 도달하자 반복문이 종료되었어.
자, 이제 무사히 동굴 속 100m 지점까지 들어왔어.

다행이에요.
이곳에서 비를 피하며 안전하게 밤을 보낼 수 있겠어요.

더 알아보기

도전! 'for문' 완전정복!

1 반복문 속의 반복문

조건문과 마찬가지로 반복문 안에도 반복문을 쓸 수 있어. 이런 반복문을 '중첩 반복문' 이라고 해. 그렇다면 과연 어떤 경우에 이런 중첩 반복문을 사용하면 좋을까?

예를 들어 구구단을 생각해 보자. 구구단 2단을 외워 볼까? 2단은 숫자 2에 1부터 9까지의 수를 곱하는 행위를 반복해. 밑의 표에서 초록색으로 표시된 부분을 반복하는 거지. 이것을 코드로 작성하려면 다음과 같이 반복문 1개를 사용하면 돼.

2	× 1
2	× 2
2	× 3
2	× 4
2	× 5
2	× 6
2	× 7
2	× 8
2	× 9

```
for k in range(1,10) :
    print(2, "x", k, "=", 2*k)

# 1부터 9까지 반복하려면 range(1, 10)을
  써야 한단다.
```

그런데 구구단은 2단만 있는 게 아니야. 위와 같이 1부터 9까지의 수를 곱하는 행위를 2단부터 9단까지 총 8번 반복하게 되잖아. 밑의 표의 빨간색으로 표시된 부분이 반복되는 거지.

2단			3단			9단	
2	× 1		3	× 1		9	× 1
2	× 2		3	× 2		9	× 2
2	× 3		3	× 3		9	× 3
2	× 4		3	× 4	...	9	× 4
2	× 5		3	× 5		9	× 5
2	× 6		3	× 6		9	× 6
2	× 7		3	× 7		9	× 7
2	× 8		3	× 8		9	× 8
2	× 9		3	× 9		9	× 9

그러니까 이것을 코드로 작성하려면 앞에서 만든 반복문을 다시 2단부터 9단까지 반복하라는 의미의 반복문 1개가 더 사용될 거야. 이렇게 말이야.

```
for i in range(2, 10) :
    print(i, "단")

    for k in range(1, 10) :
        print(i, "x", k, "=", i*k)
```

\# 반복할 때마다 i와 k가 각각 어떻게 변화할지 생각해 봐!

\# '*'는 곱하기를 의미하는 연산 기호야.
\# 두 번째 반복문은 반복문 속의 반복문이니 들여쓰기를 해야 해.

설명만으로는 조금 어려울 수 있으니 결과를 직접 확인해보자.

실행결과

2 단	3 단		9 단
2 x 1 = 2	3 x 1 = 3		9 x 1 = 9
2 x 2 = 4	3 x 2 = 6		9 x 2 = 18
2 x 3 = 6	3 x 3 = 9		9 x 3 = 27
2 x 4 = 8	3 x 4 = 12	...	9 x 4 = 36
2 x 5 = 10	3 x 5 = 15		9 x 5 = 45
2 x 6 = 12	3 x 6 = 18		9 x 6 = 54
2 x 7 = 14	3 x 7 = 21		9 x 7 = 63
2 x 8 = 16	3 x 8 = 24		9 x 8 = 72
2 x 9 = 18	3 x 9 = 27		9 x 9 = 81

책에서는 잘 보여주기 위해 가로로 편집했지만 실제로는 세로로 쭉 이어져 나왔을 거야. i값은 2에서 9까지 반복되고, 각각의 i값마다 k값이 1부터 9까지 반복되고 있어. 중첩 반복문이 좀 이해되니?

이처럼 반복문은 조건문과 마찬가지로 중첩하여 사용하면 정말 유용하단다. 반복문과 조건문을 자유자재로 사용할 수 있는 그 날까지 모두들 힘내!

로보가 내주는 숙제

반복문을 사용하니까 같은 내용을 번거롭게 여러 번 쓸 필요가 없어졌지? 이렇게 반복문은 코드를 훨씬 간단하고 파악하기 쉽게 만들어줘.

1 for문을 사용해서 다음과 같은 결과를 출력해봐. 참고로 문자열을 i번 출력하기 위해서는 "문자열"*i 와 같이 코드를 작성하면 돼.

```
*
**
***
****
*****
******
```

2 인도에서는 구구단을 19단까지 외운대. 우와, 19단이라니 놀랍지 않니? 2단부터 9단까지는 '더 알아보기'에서 만들어 보았으니, 10단에서 19단까지의 구구단을 만들어보자. '더 알아보기'에서와 같은 방법을 사용하되, range 명령어를 바꾸어주면 될 거야!

10 단	11 단		19 단
10 x 1 = 10	11 x 1 = 11		19 x 1 = 19
10 x 2 = 20	11 x 2 = 22		19 x 2 = 38
10 x 3 = 30	11 x 3 = 33		19 x 3 = 57
10 x 4 = 40	11 x 4 = 44	...	19 x 4 = 76
10 x 5 = 50	11 x 5 = 55		19 x 5 = 95
10 x 6 = 60	11 x 6 = 66		19 x 6 = 114
10 x 7 = 70	11 x 7 = 77		19 x 7 = 133
10 x 8 = 80	11 x 8 = 88		19 x 8 = 152
10 x 9 = 90	11 x 9 = 99		19 x 9 = 171

한눈에 보기

배운 내용을 얼마나 기억하고 있는지 복습해볼까?

CHECK 1

for문 알아보기
- for문은 정해진 횟수만큼 반복할 때 사용한다.
- 'for 변수 in range(반복횟수) : '의 형태
- 콜론(:)과 들여쓰기를 잊지 않도록 한다.

CHECK 2

range( ) 알아보기
- 반복변수의 범위를 구체화할 때 range()를 사용한다.
- 'range(시작값, 종룟값, 간격)'의 형태

CHECK 3

for문 활용하기
- 중첩 반복문 : 반복문을 중첩하여 사용할 수 있다.

6일차
괴수를 내쫓아요
- 반복문2 : while문 -

학습내용
- while문이란?
- while문 활용하기

영어 단어로 미리 보는 파이썬 용어

- while   ~하는 동안
- break   중단시키다
- continue   계속되다
- password   비밀번호

위험을 방지하자

동굴 속에서 하룻밤을 지낸 타미와 로보는 이른 아침 무언가를 발견하고 허겁지겁 도망쳐 나왔어. 도대체 무엇을 보았기에 이렇게 놀란 걸까? 동굴 안에는 여기저기 동물의 뼈가 흩어져 있고 벽에는 날카로운 발톱 자국이 남겨져 있었어.

발톱 자국 크기로 보아 엄청 큰 짐승이 살고 있는 것 같아요.
이 짐승과 만나면 살아남기 힘들 거예요.

 그 짐승이 우리가 사는 쪽으로 오지 못하도록
계속해서 무시무시한 소리를 내자.

타미와 로보는 짐승을 멀리 내쫓기 위해 무시무시한 괴물소리를 반복해서 내려고 해. 이렇게 반복 횟수를 정하지 않고 계속해서 반복하고자 할 때는 어떻게 해야 할까? 파이썬에서는 이럴 때 'while문'이라는 것을 사용해. 새로운 반복문인 while문에 대해서 알아보자.

무엇을 해야 할까?

행위를 반복하고 싶을 땐 for문을 사용하면 되지.
이제 for문은 자신 있다고!

반복문에는 for문만 있는 게 아니에요.
이번에는 새롭게 'while문'에 대해 알려줄게요.

while문이라고?
그건 for문과 어떤 차이가 있는데?

for문	while문
정해진 반복 변수만큼 반복한다.	정해진 반복 조건이 참이라면 계속 반복한다.

이렇게 'while문'은 조건이 참이라면 계속해서 문장들을 실행해요.
조건이 거짓이 되기 전까지 끝없이 말이죠!

① 조건을 판단한다.
② 조건이 참이라면 "어흥"을 출력한다.
③ ①,②를 반복하다가 조건이 거짓이 되면 반복을 종료한다.

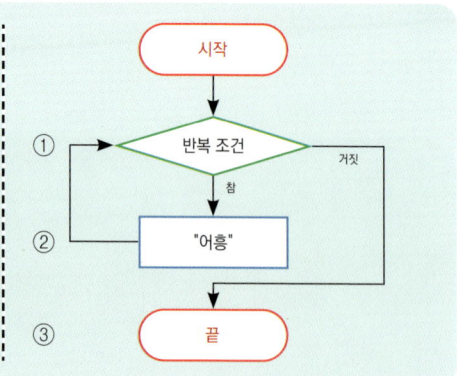

하지만 우리는 특별한 조건 없이 무서운 소리를 계속해서 반복하고 싶잖아.

어떠한 조건도 필요 없이 반복할 때엔 반복 조건을 'True'라고 설정하면 돼요.
True는 '참'이라는 의미니까 조건을 True라고 설정하면
멈추지 않고 끝없이 반복되죠. 이걸 '무한 반복'이라고 한답니다.

그럼 어서 무시무시한 소리를 무한 반복하자.

2장 • 논리편

어떻게 해야 할까?

while문 또한 일정한 형식을 가지고 있어요.

while 반복 조건 :
　▮ 반복하여 수행할 문장

\# '콜론(:)'을 잊지 마.
\# 반복하여 수행할 문장은 반드시 들여쓰기(▮)를 해야 해!

 특별한 조건 없어 무한 반복을 할 때에는
반복 조건을 'True'로 지정하라고 했지?

맞아요. 그럼 조건이 항상 참일 수밖에 없으니 계속해서 반복할 거예요.
그럼 "어흥"이라고 무서운 소리를 무한 반복하는 코드를 작성해봐요.

```
while True :
    print("어흥")
```

 정말 간단하게 만들 수 있는걸?

그렇죠?
반복문은 이렇게 코드를 간단하게 만들어주는 마법을 부린답니다.

 신기하다!
과연 이 간단한 코드가 어떤 결과를 보여줄지 기대된다.
빨리 확인해보자.

확인해 보자!

프로그램을 실행하니 어떤 결과가 나오나요?

실행결과

어흥
어흥
어흥
어흥
어흥
어흥
어흥
︙

'어흥'이라는 단어가 계속해서 나와. 멈추질 않아!

우리가 반복 조건을 'True'로 설정했기 때문에 무한 반복문에서 빠져나오지 못하고 계속해서 실행되는 거예요. 그럴 때 프로그램을 멈추려면 'Ctrl' + 'C'를 누르면 프로그램을 멈출 수 있어요!

프로그램을 실행시켰을 때 이렇게 무한 반복이 된다면 너무 당황스럽겠어.

사실 실제 프로그램을 만들 때에는 이렇게 무한 반복을 만들면 안 돼요. 반드시 어떤 경우에 반복문을 빠져나오도록 해주어야 하죠. 이때 사용하는 것이 'break'라는 명령어예요. 'break'에 관해서는 '더 알아보기'에서 자세히 알려줄게요.

좋아! 그나저나 이제 계속해서 이렇게 큰 소리를 내고 있으니 무서운 짐승이 우리 가까이 내려오진 않겠지? 다행이야.

안전한 무인도 생활을 위해!

  짐승을 쫓기 위한 소리 장치를 설치한지 불과 며칠이 되지 않은 어느 날이었어. 이제 안전할 것이란 예상과 달리 식량창고에 보관해 둔 음식이 사라진 것을 발견했어.

 이것 봐.
동굴에서 본 것과 똑같은 짐승의 발톱 자국이야!

  무슨 짐승인지는 모르겠지만 이렇게 무시무시한 발톱을 가지고 있다니! 거기다가 우리의 음식까지 탐을 내고 있으니 여간 불안한 게 아니야. 좀 더 안전하게 지내기 위한 방법을 생각해봐야겠어.

아무나 우리 집에 들어오지 못하도록 보안장치를 만들어요.

  좋은 생각이야! 우리만 알 수 있는 비밀번호를 설정해서 다른 사람이나 동물들이 함부로 침입하지 못하도록 막자.

무엇을 해야 할까?

 사용자에게 비밀번호를 입력받은 후,
비밀번호가 일치하는 경우에만 들어올 수 있도록 하자.

어떻게 프로그램을 만들어야 할까요?
비밀번호를 입력받아 미리 설정한 비밀번호와 일치하는지,
그렇지 않은지 한 번만 판단하면 될까요?

 그러면 안 되지! 비밀번호가 불일치한다고 그대로 프로그램이 끝나버리면 안 돼.
비밀번호가 일치할 때까지 계속 비밀번호를 물어야
다시 올바른 비밀번호를 입력해 들어갈 수 있어.

그럼 비밀번호가 불일치하는 동안 계속해서 비밀번호를 물어야겠군요!
이렇게 어떠한 조건이 참(T)인 동안 계속해서 문장을 반복할 때에는….

 알겠다, 'while문'을 사용하면 돼!

하하. 훌륭해요. 그럼 우리가 만들어야 할 프로그램을 알고리즘으로 확인해 봐요.
알고리즘을 보면서 어떻게 코드를 작성할지 생각해 보세요!

① 비밀번호를 입력받는다.
② 비밀번호가 정해둔 비밀번호와 불일치하는지 판단한다.
③ 만약 그렇다면, "어흥"을 출력하고 다시 비밀번호를 입력받는다.
④ ②,③을 반복하다가 비밀번호가 불일치하지 않는다면, 반복을 종료하고 "들어오세요."를 출력한다.

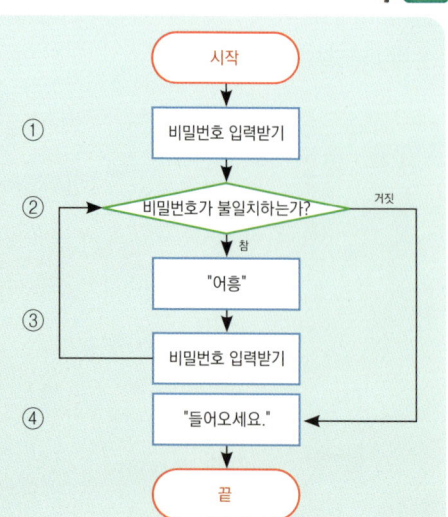

프로그램의 흐름이 이해되나요?

 어렴풋이 알 것 같아. 비밀번호를 입력받기 위해서는 'input'을,
반복을 위해서는 'while문'을 사용하면 되겠어.

어떻게 해야 할까?

그럼 알고리즘에 따라 한 줄씩 코드를 작성합시다.
제일 먼저 비밀번호를 입력받아 저장할 변수를 선언해줘야 해요.

비밀번호를 뜻하는 영어 단어인 password를 줄여 'pw'라고 변수명을 설정하자.

그래요. 이제 집으로 들어가기 위해 프로그램을 실행할 때마다
변수 'pw'의 값을 새롭게 입력받을 거예요.

맞아, 이럴 때 사용하는 명령어가 'input( )'이었어!

```
pw = input("비밀번호를 입력해주세요 : ")
```
input 명령어의 괄호 안에 따옴표("")를 사용해 글을 작성하면, 값을 입력받기 위한 안내 문구를 보여줄 수 있어.

좋아요! 다음으로 앞의 알고리즘에서 ②, ③에 해당하는 반복문을 작성할 거예요.
조건이 참인 동안 계속해서 반복하기 위해 무엇을 사용하죠?

while문을 사용하지.

그럼 비밀번호를 '1234'라고 가정하고 코드를 작성해 봐요.
"입력받은 비밀번호의 값이 '1234'와 일치하지 않는다."라는 조건이 참(T)이라면
"어흥"이라고 출력하고, 다시 비밀번호를 입력받을 거예요.

비밀번호가 일치하지 않으면 위험한 짐승이나 사람일 수 있으니
무서운 소리를 내는 거구나.

그렇죠.
이 과정을 계속해서 반복할 거예요. 언제까지 반복할까요?

비밀번호가 일치할 때까지 반복하지.
즉, 조건이 거짓(F)이 될 때까지 반복하겠지?

```
while pw != "1234" :
    print("어흠")
    pw = input("비밀번호를 입력해주세요 : ")
```

\# '!='는 값이 서로 같지 않다는 의미
의 비교연산자야.
\# 들여쓰기(　　)를 한 문장들은
while문의 조건이 참인 동안 반복돼.

while문의 조건이 거짓이 되면 반복문이 끝나게 될 거야.

반복문이 끝났다는 건 비밀번호가 일치했다는 뜻이니까
들어오라고 출력할까요?

```
print("들어오세요.")
```

\# while문이 종료된 후에 실행되는 문장
이니까 들여쓰기를 하면 안 돼!

이 코드는 while문이 종료된 후에 실행되기 때문에 들여쓰기를 하지 않아요.
만약 들여쓰기를 한다면 반복문 안에 들어가게 되는 거예요.

그렇구나. 사소해 보이지만 들여쓰기가 꽤나 중요한 역할을 하는 것 같아.
이제 우리의 보안 시스템이 잘 작동하는지 확인해보자.

확인해 보자!

처음 프로그램을 실행시키면 다음과 같이 값을 입력받기 위한 안내문구가 나와요.

실행결과   비밀번호를 입력해주세요 :

먼저 우리가 짐승이라고 생각하고 틀린 비밀번호를 입력해보는 게 어때?

실행결과   비밀번호를 입력해주세요 : 4321
어흥
비밀번호를 입력해주세요 :

while문의 조건인 '비밀번호가 1234와 같지 않다'가 참(T)이기 때문에,
while문 안에 작성해 둔 문장의 내용이 실행돼요.
'어흥'이라고 출력한 후 다시 한 번 비밀번호를 입력하게끔 안내하는 거죠.

계속해서 비밀번호를 틀린다면 while문이 끝나지 않으니
언제까지고 반복해서 같은 결과가 나오겠구나.

그렇죠. 그렇다면 맞는 비밀번호를 입력한다면 어떻게 될까요?

실행결과   비밀번호를 입력해주세요 : 1234
들어오세요.

맞는 비밀번호를 입력하면 while문의 조건이 거짓(F)이 되니까,
while문을 반복하지 않고 빠져나와서 그 다음 코드를 실행할 거야.
이제 무서운 짐승은 절대 우리 집에 들어오지 못할 거야. 정말 안심이다!

while문이 잘 이해되나요? for문이나 while문 같은 반복문은 긴 코드를 간략하게
바꾸어 프로그램을 효율적으로 만들어주기 때문에 정말 많이 사용된답니다.

그렇담 우리가 사용하는 포털사이트나 SNS에서 로그인을 할 때에도
우리가 만든 프로그램과 같은 방법을 사용하지 않을까?

더 알아보기

반복문 제어하기

1 '다시 while문의 조건으로 돌아가!'의 continue

그렇다면 반복문 안에 있는 문장은 무조건 모두 실행해야 하는 걸까? 어떤 경우에는 반복문 안에 몇몇 문장만 반복하고 싶을 수도 있잖아. 이럴 때 사용하는 것이 'continue'라는 명령어야. 'continue'를 만나면 반복문 안에 남아있는 문장이 아무리 많더라도 실행하지 않고 다시 while문의 조건으로 돌아가게 돼. 예를 통해 알아보자.

여기 1부터 10까지의 숫자 중에서 짝수만 출력하는 프로그램이 있어.

```
i = 0
while i < 11 :
    i += 1
    if i % 2 != 0 :
        continue    # 나누어떨어지지 않으면 다시 조건으로
    print(i)
```

0부터 시작해서 11이 되기 전까지 while문 안의 내용을 반복하게 돼. 하지만 만약 숫자가 2로 나누어떨어지지 않는다면(홀수라면) continue 명령문을 만나게끔 되어 있지? 즉, 홀수라면 밑의 문장인 print를 수행하지 않고 다시 조건으로 돌아가게 돼. 따라서 짝수만 출력하고 홀수는 출력하지 않게 되지. 한번 결과를 살펴볼까?

실행결과
2
4
6
8
10

예상한 대로지? continue 명령어가 유용하게 쓰일 테니 기억해 둬.

'continue'는 영어로 '계속되다'라는 뜻이에요.

2 '이제 그만.'의 break

프로그램을 작성할 때 조심해야 하는 것 중 하나가 무한 반복이야. 프로그램이 작동하다가 어떤 부분을 벗어나지 못하고 무한하게 반복하게 되면 그 뒤의 다른 명령들을 하나도 수행하지 못하고 전체 프로그램을 마비시키는 결과를 낳게 돼. 이러한 현상을 '무한 루프(endless loop)'라고 해.

따라서 while문을 작성할 때에는 조건을 구체적으로 설정하거나 중간에 반복에서 빠져나올 수 있는 명령을 반드시 포함시켜야 해. 이때 사용하는 명령어가 'break'란다. 프로그램을 수행하다가 break 명령어를 만나면 반복을 멈추게 돼. 무한 루프로부터 프로그램을 구해주는 명령문 'break'를 꼭 기억하렴.

'break'는 '중단시키다'라는 뜻을 가지고 있어요!

로보가 내주는 숙제

for문과 비슷한 듯 다른 while문에 대해 배워보았어. 조건이 참인 동안 계속해서 반복하는 while문! 얼마나 잘 알고 있는지 확인해볼까?

1 앞에서 for문을 사용해서 10, 20, 30, …, 100까지 출력하는 코드를 작성해봤어. 이번에는 같은 결과를 while문을 사용해서 나타내 보자. while문을 사용한 다음 코드를 보고 빈칸을 완성해서 10, 20, 30, …, 100까지 출력해봐.

```
i = 10
while ⬚ :
    print( i , "만큼 들어왔습니다." )
    i = ⬚
```

2 다음과 같은 순서로 정해진 숫자를 맞추게 하는 프로그램을 만들어보렴.
① 우선 1부터 10까지의 숫자 중에서 하나의 숫자를 정한다.
② 그 후에 사용자로부터 숫자에 입력받는다(input 명령어 사용).
③ 만약 그 수가 정해진 숫자보다 크면 "숫자가 너무 큽니다."라고 출력하고, 정해진 숫자보다 작으면 "숫자가 너무 작습니다."라고 출력한다. 이 과정을 숫자를 맞출 때까지 반복한다.
④ 마침내 숫자를 맞추면 "정답입니다!"라고 출력하고 프로그램을 종료한다.
  실행하면 이렇게 될 거야.

> **실행결과**
> 수를 맞춰보세요(1~10). : 8
> 숫자가 너무 커요.
> 다시 수를 맞춰보세요. : 1
> 숫자가 너무 작아요.
> 다시 수를 맞춰보세요. : 5
> 숫자가 너무 작아요.
> 다시 수를 맞춰보세요. : 7
> 정답입니다!

한눈에 보기

배운 내용을 얼마나 기억하고 있는지 복습해볼까?

CHECK 1

while문이란?
- while문은 반복조건이 참인 동안 계속해서 반복할 때 사용한다.
- 'while 반복조건 : '의 형태
- 무한 반복을 하고 싶을 때에는 반복조건을 'True'로 설정한다.
- 무한 반복에서 빠져나와 프로그램을 종료할 때에는 'Ctrl+C'키를 누른다.

CHECK 2

while문 활용하기
- 반복문 안의 일부 명령어만 실행하기 위해서는 'continue'를 사용한다.
- 무한 반복을 방지하기 위해서는 'break'를 사용한다.

7일차

무인도 탈출 대작전 1
− turtle 모듈, 함수, 객체 지향

8일차

돛단배 업그레이드 프로젝트
− 게임 만들기

9일차

무인도 탈출 대작전 2
− 피지컬 컴퓨팅 : 마이크로비트

무인도 탈출 대작전 1
- turtle 모듈, 함수, 객체 지향 -

7일차

학습내용
- turtle 모듈 사용하기
- 함수 활용하기
- 객체 지향 알아보기

영어 단어로 미리 보는 파이썬 용어

- **import** 수입하다, (다른 프로그램에서 데이터를) 불러오다
- **turtle** 거북이
- **calendar** 달력
- **object** 물체, 객체
- **random** 무작위의, 임의로
- **return** 돌려주다, 반납하다, 돌려보내다

돛단배 만들기 1

열심히 노력한 덕분에 무인도 생활도 어느덧 안정을 찾아가고 있어. 하지만 이대로 무인도에서 평생 살고 싶진 않아. 빨리 무인도를 탈출해서 사랑하는 가족들 품으로 돌아가고 싶은걸. 아무리 구조요청을 보내도 응답이 없으니 어떡하지?

 아무래도 가만히 기다리고만 있을 게 아니라,
직접 탈출할 방법을 찾아봐야겠어.

바다를 건널 수 있는 배를 만들어 탈출해요.

바다를 건너 무인도를 탈출하기 위해 돛단배를 만들려고 해. 어떤 배를 만들어야 할지 일단 한 번 그려보자. 파이썬의 'turtle'이라는 모듈을 사용하면 그림을 그릴 수 있단다. 파이썬으로 그림도 그릴 수 있다니 설레지 않니?

무엇을 해야 할까?

그림을 그리기 위해 'turtle'이라는 '모듈(module)'을 사용하면 된다니 무슨 말인지 잘 모르겠어. 모듈이 도대체 뭐야?

'모듈'은 '특정 기능을 하는 컴퓨터 시스템이나 프로그램의 단위'를 의미해요. 파이썬에서는 프로그램을 작성할 때 가져와 사용할 수 있도록 유용한 코드를 담고 있는 '*.py' 파일을 기본으로 제공해요. 이것을 '모듈'이라고 부른답니다.

파이썬이 이미 가지고 있는 코드가 있다고? 그럼 그 코드들을 마음껏 가져와서 자유롭게 이용할 수 있는 거야?

그렇죠. 이때 'import'라는 명령어를 사용해요. 이 명령어로 원하는 모듈을 호출할 수 있죠.

우와! 정말 재미있겠다! 어떤 모듈들이 있는데?

아주 다양한 종류가 있는데, 그 중 하나가 'turtle'이라는 모듈이에요. '거북이 그래픽'이라고도 부르죠. 'turtle' 모듈을 호출하면 그림을 그리기 위해 거북이를 불러올 수 있어요.

파이썬에서는 거북이를 불러와서 그림을 그리는구나.

거북이 꼬리에 잉크를 묻혀 움직이게 한다고 생각하면 돼요. 그럼 거북이가 지나간 자리에 그림이 그려지는 거죠.

빨리 그림을 그려보고 싶어! 어서 거북이를 움직이는 방법을 알려줘.

어떻게 해야 할까?

그럼 본격적으로 배를 그리기에 앞서, turtle 모듈을 사용하는 방법을 익혀 볼게요. 간단한 도형을 그리면서 연습해 봐요.

우선 모듈을 불러와야 한다고 했지?

맞아요. 모듈을 호출하지 않고 모듈에 저장된 명령어를 사용하면 오류가 생겨요. 먼저 다음과 같은 형식으로 모듈을 호출해야 해요.

```
import 모듈명 as 사용할 별명
```

'as 사용할 별명'을 붙이지 않으면 '모듈명'으로 모듈의 기능들을 사용하게 돼.

별명이라고? 별명이 꼭 필요한 거야?

모듈명을 사용할 때 부르기 쉬운 별명을 붙여서 모듈의 기능들을 사용하곤 해요. 하지만 따로 별명을 붙이지 않고 모듈명으로 모듈의 기능을 사용해도 돼요.

그렇구나. 그럼 우리가 사용할 turtle 모듈을 불러오자.

```
import turtle as t
```

자, 이제 turtle 모듈이 가지고 있는 다양한 기능들을 사용할 수 있게 되었어요. 우리는 별명인 't'라는 이름으로 거북이를 움직이게 만들 거예요.

turtle 모듈에는 어떤 기능들이 있어?

거북이를 움직여 그림을 그리고 색을 바꾸는 등 다양한 기능이 있어요. 우선 간단히 거북이를 움직이는 연습을 해볼까요?

 좋아. 거북이를 앞으로 이동하게 해보자.

 그럴 땐 'forward'라는 명령어를 이용하면 돼요. 이렇게요.

```
import turtle as t
t.forward(100)
```

\# 'forward'는 앞으로 이동하게 만들어. 줄여서 'fd'라고 써도 된단다.

 괄호 안의 숫자 '100'은 뭘 의미하는 거야?

 여기서 '100'이란 숫자는 이동할 거리를 의미해요.

 많이 이동하게 하려면 더 큰 숫자를, 적게 이동하게 하려면 더 작은 숫자를 넣으면 되겠구나.

 그렇죠. 프로그램을 실행시키면 다음과 같이 거북이(화살표)가 움직여요.

실행결과

 프로그램을 처음 실행할 때 거북이는 화면의 정중앙에 위치하고, 오른쪽을 바라보고 있나봐?

 맞아요. 그렇다면 거북이의 방향을 바꾸고 싶으면 어떻게 해야 할까요?

 거북이를 왼쪽이나 오른쪽을 바라보게끔 회전시키면 돼.

좋아요. 왼쪽으로 회전시키기 위해서는 이렇게 해요.

t.left(90)

'left(90)'은 왼쪽으로 90도 회전하라는 말이야. 90 대신 다른 값을 넣으면 그 숫자만큼의 각도로 회전을 하게 돼.

이때 숫자 '90'은 회전하는 각도를 말해요.

그럼 위 코드를 실행시키면 화살표의 뾰족한 부분이 왼쪽으로 90° 회전해서 오른쪽이 아니라 위를 향하게 되겠네.

실행결과

잠깐! 그러고 보니 거북이 모양이 아니라 화살표 모양이잖아?

모양을 바꿀 수도 있어요. shape( )라는 명령어를 사용해서요.
이밖에도 자주 사용하는 명령어를 알려줄게요.
원하는 명령어를 사용해서 거북이를 요리조리 움직여보아요.

명령어	설명	예
shape("모양")	거북이 모양 바꾸기	t.shape("classic") t.shape("turtle") t.shape("triangle")
forward(거리)	앞으로 이동하기	t.forward(10)
backward(거리)	뒤로 이동하기	t.backward(10)
left(각도)	왼쪽으로 회전하기	t.left(60)
right(각도)	오른쪽으로 회전하기	t.right(60)

명령어	설명	예
circle(반지름)	원 그리기	t.circle(50)
pendown() down()	펜을 내려 그림 그리기	t.pendown() t.down()
penup() up()	펜을 올려 움직여도 그림을 그리지 않기	t.penup() t.up()
speed(속도)	거북이가 움직이는 속도 정하기	t.speed(100)
pensize(굵기)	펜의 굵기를 정하기	t.pensize(5)
color("색")	펜의 색 정하기	t.color("blue")
fillcolor("색")	도형 내부의 색 정하기	t.fillcolor("red")
begin_fill()	도형 내부의 색칠하기 영역 시작하기	t.begin_fill()
end_fill()	도형 내부의 색칠하기 영역 마치기	t.end_fill()
clear()	화면의 그림만 지우기	t.clear()
reset()	그림을 지우고 거북이도 초기 상태 되돌리기	t.reset()

이 명령어들을 사용해서 정삼각형을 그려봐요.
정삼각형을 그리기 위해서는 거북이를 어떻게 움직여야 할까요?

한 변의 길이가 100인 정삼각형을 그린다고 하면,
제일 먼저 한 변을 100만큼 그려야 할 거야.
그리고 정삼각형의 각만큼 회전을 해야겠지?

'정삼각형의 각만큼'이요? 그럼 정삼각형의 한 각의 크기인 60°만큼 회전하고
다음 변을 그리면 될까요?

아니 잠깐! 생각해보니 그렇게 하면 사이각의 크기가 180°에서 60°를 뺀
120°인 두 변이 그려질 것 같아.

그렇죠. 그러니 반대로 각의 크기가 60°가 되려면
다음처럼 (180-60)°, 즉 120°를 회전한 후 다음 변을 그려야 할 거예요.

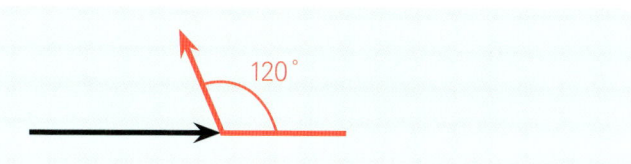

 정삼각형을 그릴 때에는 내각의 크기만큼 회전하는 게 아니라, 외각의 크기만큼 회전하면 되겠구나.

맞아요! 그럼 정삼각형을 완성하려면 변을 그리고 회전하는 과정을 몇 번 반복하나요?

 그야 물론, 삼각형이니 3번이지.

같은 코드를 3번 써도 되지만 이럴 땐 반복문을 사용하면 간단해요.

 정해진 횟수만큼 반복할 때는 for문! 맞지?

```
for i in range(3) :
    t.forward(100)
    t.left(120)
```

\# for문을 사용할 땐 콜론과 들여쓰기를 주의하렴.

대단해요! 그럼 정사각형도 그릴 수 있을까요? 정오각형은요?

 다른 정다각형을 그릴 때에도 외각의 크기만큼 회전해야 할 거야.

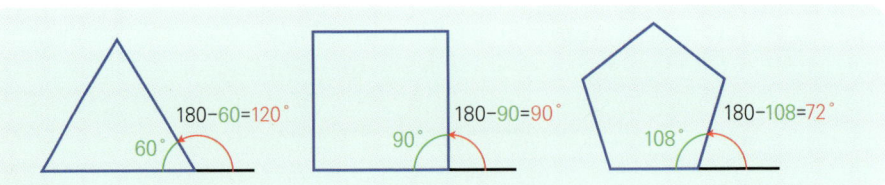

 위 그림에서 초록색이 정다각형의 내각의 크기니깐
우리가 회전할 각도는 빨간색 각도만큼이지.

그렇다면 다각형의 변의 수와 반복 수,
그리고 회전각도 사이에 어떤 규칙이 있는지 살펴볼까요?

정다각형	변의 수	반복 수	회전각도
정삼각형	3	3	120
정사각형	4	4	90
정오각형	5	5	72
…	…	…	…
정n각형	n	n	360÷n

 정말 규칙이 있네? 다각형의 변의 수와 반복수는 서로 같고,
회전 각도는 360을 변의 수만큼 나눈 값이야.

훌륭해요! 그럼 이 규칙을 이용해서 정삼각형뿐만 아니라
다양한 정다각형을 그릴 수 있도록 코드를 만들어 봐요.

 다각형의 변의 수를 변수 n으로 설정하고, 반복수와 회전 각도를 변수를 이용해
표현해야겠어. 나누기는 '/'로 표현하니 이렇게 작성하면 되겠구나.

```
n = 3

for i in range(n) :
    t.forward(100)
    t.left(360/n)
```

변수 n을 3으로 설정했으니, 앞에서 작
성한 코드와 같은 결과가 나올 거야.

이제 변수만 수정하면 다양한 정다각형을 그릴 수 있을 거예요.

```
n = 3

t.pensize(3)
t.color("green")
t.fillcolor("yellow")

t.begin_fill()

for i in range(n) :
    t.forward(100)
    t.left(360/n)

t.end_fill()
```

\# 선 굵기를 3으로, 선 색깔은 초록, 도형 내부 색깔은 노랑으로 설정한다는 의미야.

\# 색칠할 영역은 begin_fill()부터 시작해서 end_fill()에서 끝나.

이렇게 색깔이나 선의 굵기 등 자신이 원하는 도형으로 만들 수 있어요. 앞에서 배운 다양한 명령어를 사용해서 원, 오각형 등 자기만의 예쁜 도형을 만들고 꾸며 보세요!

확인해 보자!

빨리 도형을 확인해보자.
어떤 예쁜 도형이 나올까?

우선 아무것도 꾸미지 않고 정삼각형을 그린 코드를 실행하면
다음과 같은 그림이 그려져요.

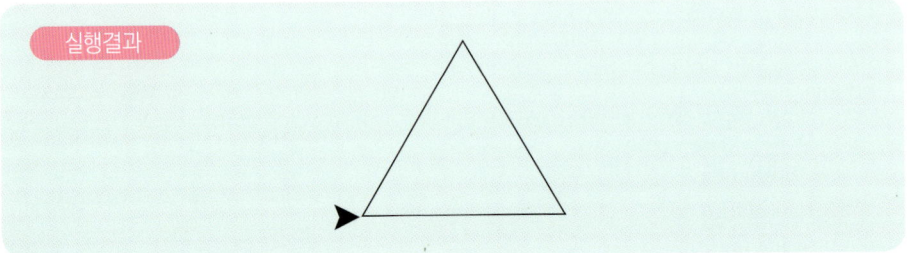

같은 코드를 3번 반복한 경우와 for문을 사용한 경우
역시나 모두 같은 결과가 나와.

다음으로 turtle이 가진 다양한 기능들을 사용해 예쁘게 꾸민 도형도 살펴볼까요?

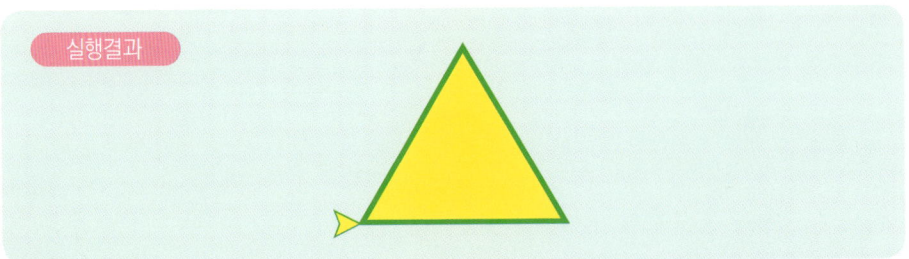

우와! turtle 모듈을 활용하면 우리가 무인도를 탈출할 때 필요한
돛단배 설계도를 그릴 수 있겠어.

돛단배 만들기 2

돛단배 설계도를 그리기 위해 turtle 모듈의 기본적인 기능들을 익혔어. 이제 배를 어떤 모양으로 만들지 고민이야.

배를 어떤 모양으로 만들까? 통나무로 만든 돛단배는 어때?

좋은 생각이야. 통나무로 만든 돛단배를 만들어 보자. 하지만 설계도가 꽤나 복잡할 것 같은데?

배를 그리는 과정 중에서 똑같은 부분을 묶어서 정리하면 만드는 시간을 줄일 수 있어요!

로보가 배를 빠르게 그리는 방법을 알고 있나봐. 그 방법이 무엇인지 배워보자.

무엇을 해야 할까?

원하는 프로그램을 만들기 위해 같은 기능을
여러 번 사용해야 하는 경우가 자주 생길 것 같아.

그때마다 같은 코드를 반복해야 한다면 너무 비효율적이겠죠?
이렇게 반복되는 기능들은 '함수'라는 것으로 만들어 놓고
필요할 때마다 꺼내 쓸 수 있답니다.

함수? 어디서 들어본 것도 같은데….

중학교 수학 과목에서 함수라는 것을 배워요.
프로그래밍에서의 함수도 같은 의미예요. **'함수'**는 일종의 마법 상자죠.
값을 입력시키면 저장해놓은 알고리즘을 수행해서 값을 내놓아요.

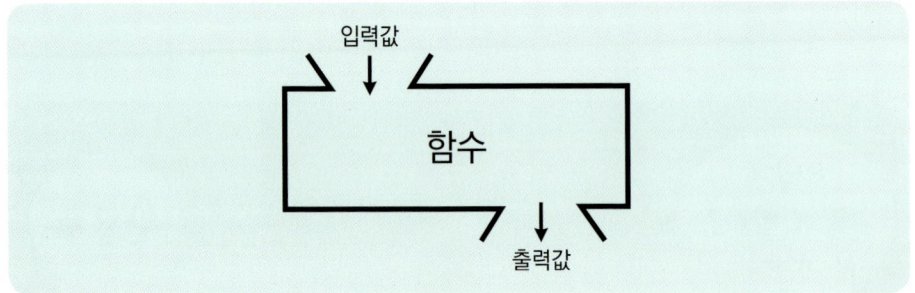

여기서 함수를 호출할 때 입력하는 값을 **'인수'**라고 부르고,
입력받는 변수를 **'매개변수'**라고 불러요. 우리가 공을 주고받을 때
던져진 공이 인수이고, 받는 사람이 매개변수 같은 거예요.

매개변수가 꼭 필요한 거야?
아무 것도 입력하지 않고 알고리즘을 수행하고 싶을 수도 있잖아.

맞아요! 함수를 호출할 때 매개변수는 하나도 없을 수도 있고,
또 여러 개가 필요할 수도 있어요.

 그렇구나. 그럼 <u>함수를 호출한 결과 출력되는 값</u>은 뭐라고 부르지?

'**반환값**'이라고 불러요.
알고리즘을 수행하고 그대로 끝나는 함수는 반환값이 없지만,
때로는 알고리즘을 수행한 후 반환값을 내놓게끔 함수를 정의할 수도 있지요.

 음, 정리하면 함수는 총 4종류로 나뉘겠구나.

그렇죠. 예를 들어 볼 테니 어떤 형태인지 잘 살펴보세요.
필요에 따라 적절히 사용하면 돼요.

	매개변수 ○	매개변수 ×
반환값 ○	가지고 있는 물품 리스트 출력하기	새로운 물품 → 기존 물품 + 새로운 물품 출력하기
반환값 ×	가지고 있는 물품 리스트 항목 세기 → 항목수	새로운 물품 → 기존 물품 + 새로운 물품 항목 세기 → 항목수

무인도 탈출 대작전 1 · **7일차**

함수와 관련해서 한 가지 더 알아두어야 할 게 있어요.
바로 '지역 변수'와 '전역 변수'예요.
이 두 변수는 함수 밖에서 쓸 수 있는지에 따라 나뉘어요.

지역이라면 내가 아는 '지역'을 말하는 건가?
공간을 의미하는 지역 말이야.

비슷해요. 즉, **'지역 변수'**는 함수 안에서 만들어져서
오직 그 함수 안에서만 변수로 쓸 수 있어요.
자기가 만들어진 함수의 밖에서는 쓸 수 없는 거죠.

아하! 그럼 전역 변수는 모든 지역에서 쓸 수 있는 변수로구나.

네, **'전역 변수'**는 함수 밖에서 만들어진 변수를 말해요.
그래서 '전역 변수'는 함수의 안이든 밖이든 언제든지 쓸 수 있어요.

지역변수	전역변수
함수 지역 변수 ✗ 함수	전역 변수 → 함수 → 함수

함수를 사용하면 프로그램의 길이가 훨씬 줄어들고,
구조가 간단하고 명료해져요.

그렇다면 오류가 났을 때에도 쉽게 발견할 수 있겠다.
나중에 프로그램을 수정하고 싶을 때에도 편하고.

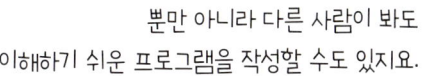뿐만 아니라 다른 사람이 봐도
이해하기 쉬운 프로그램을 작성할 수도 있지요.

 좋아! 그럼 어서 함수를 만들어 사용해보자.

어떤 기능을 함수로 만들어볼까요?

 글쎄…. 아무거나 만들면 되는 거 아니야?
돛단배 그리기도 함수로 만들고 이것저것 다 만들어버리자.
좋은 건 많을수록 좋을 거야. 하하.

돛단배 그리는 것을 함수로 만들면 또 어디에 사용할 수 있을까요?
함수를 만들 때 가장 고민해야 하는 부분은 '재사용성'이에요.
함수는 만들어놓고 한번만 사용한다면 큰 의미가 없어요.

 그렇구나. 음…. 그럼 도형 그리는 걸 함수로 만드는 건 어때?
정다각형이나 평행사변형, 사다리꼴 등을 함수로 만들어 놓으면
자주 사용할 것 같은데?

좋아요.
상황에 따라 자주 활용할 수 있는 함수를 만들 수 있도록 고민해 봐요.

어떻게 해야 할까?

먼저 파이썬에서 함수를 어떻게 만드는지 알아봐요.
함수는 다음과 같은 방식으로 정의할 수 있어요.

```
def 함수명( 매개변수1, 매개변수2 ) :
    함수를 호출하면 실행할 문장 1
    함수를 호출하면 실행할 문장 2
    return 반환값
```

\# 매개변수는 없을 수도 있고, 여러 개일 수도 있어.
\# 반환값이 없을 수도 있어.

알겠어. 그럼 정의한 함수를 사용할 때에는 어떻게 해?

함수를 호출할 때에는 간단하게 '**함수명(인자)**'의 형식을 사용하면 된답니다.
매개변수가 필요하지 않다면 '**함수명()**'의 형식을 사용해요.

직접 해봐야 제대로 알 것 같아.
아까 다각형 그리는 법을 배웠으니 함수로 만들어보자.
그림을 그려야 하니까 제일 먼저 turtle 모듈을 사용한다고 표시해야겠지?

```
import turtle as t
```

다음으로 함수를 정의할 차례예요.
필요한 매개변수와 반환값 등을 잘 생각하면서 함수를 만들어 봐요.

각의 수와 길이를 매개변수로 하는 함수를 만들어서 상황에 따라
다른 크기로 원하는 정다각형을 그릴 수 있도록 해야겠어.

```
def polygon(n, leng) :
    for i in range(n) :
        t.forward(leng)
        t.left(360/n)
```

'n'과 'leng'라는 매개변수를 설정했어.

저는 평행사변형을 그리는 함수를 만들어 볼게요. 평행사변형을 만들기 위해서는 다음과 같이 세 개의 매개변수가 필요해요.

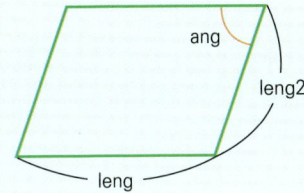

```
def parallel(leng, leng2, ang) :
    for i in range(2) :
        t.forward(leng)
        t.left(ang)
        t.forward(leng2)
        t.left(180-ang)
```

매개변수가 각각 무엇을 의미하는지 생각하면서 함수를 정의해봐.

매개변수를 생각하면서 함수를 만드니 그리 어렵지 않은걸?
사다리꼴과 별을 그리는 함수도 만들어봐야지!
사다리꼴은 이런 변수들이 필요할 거야.

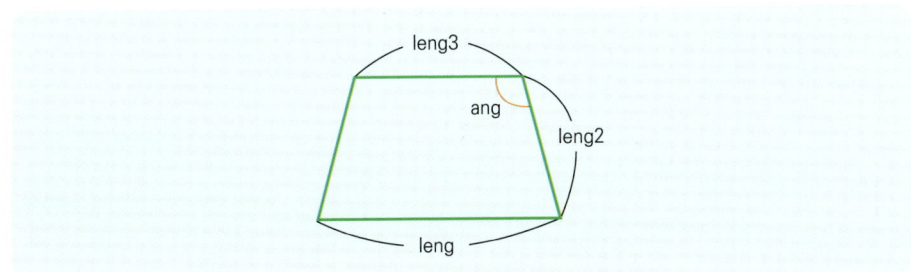

```
def trape(leng, leng2, leng3, ang) :
    t.forward(leng)
    t.left(ang)
    t.forward(leng2)           # 각도를 어떻게 움직여야 할지
    t.left(180-ang)              잘 생각해야 해.
    t.forward(leng3)
    t.left(180-ang)
    t.forward(leng2)
```

별 모양은 길이를 매개변수로 받아서
뾰족한 부분을 5번 반복해서 그리도록 하는 게 좋겠다.

```
def star(leng) :
    for i in range(5) :
        t.forward(leng)        # 뾰족한 부분이 5개인 별이니까
        t.right(144)             for문을 이용해 반복하면 간단해.
        t.forward(leng)
        t.left(72)
```

도형을 그리기 위해 원하는 위치로 이동할 때에는 흔적을 남기면 안돼요.
흔적 없이 원하는 곳으로 거북이를 이동시키는 함수도 만들어 두면
자주 사용할 수 있을 거예요.

```
def go(x, y) :
    t.penup()
    t.goto(x, y)
    t.pendown()
```

이제 이 함수들을 적절하게 활용해서 코드를 작성해 봐요.
여러 도형을 옆으로 나란히 그려볼까요?

```
go(-200, 0)
polygon(4, 30)
go(-100, 0)
parallel(50, 30, 70)
go(50, 0)
trape(70, 30, 60, 100)
go(200, 25)
t.setheading(0)
star(15)
```

함수를 모두 정의한 후, 코드를 작성하니 코드가 정말 간단해졌죠?

코드가 간단해지니 어떤 구조로 프로그램을 작성했는지 한눈에 알아볼 수 있네.
함수를 사용한 보람이 있는걸!

확인해 보자!

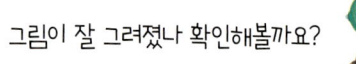그림이 잘 그려졌나 확인해볼까요?

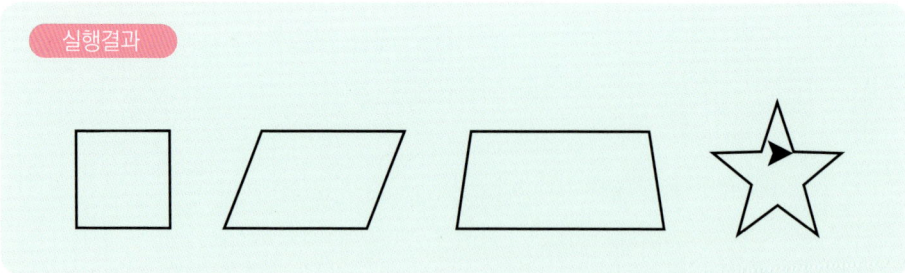

우와! 함수를 활용하면 복잡한 돛단배 설계도도 손쉽게 그릴 수 있겠어.

그럼 이제 멋진 돛단배를 그리러 출발해요!

 # 돛단배 만들기 3

  돛단배 설계도를 그리기 위한 준비를 마친 타미와 로보는 함수를 이용해서 설계도를 그리려고 해.

 함수를 사용하면 문제없겠어.
파이썬에 대해 다 공부한 것 같은 기분인 걸? 룰루랄라 ♬

 잠깐! 파이썬 프로그래밍에 대해 깊이 있게 이해하기 위해서는 '객체 지향'에 대해 알아두는 게 좋아요.

 객체…지향? 그건 또 뭐야?
지금까지 배운 것만으로도 프로그래밍할 수 있을 것 같은데….

  맞아, 타미 말처럼 지금까지 배운 것만으로도 간단한 프로그램을 작성하는 데에는 큰 문제가 없어. 하지만 더욱 규모가 크고 복잡한 프로그램을 만들기 위해서는 '객체 지향'을 이해하고 활용해야 하지.

  '객체 지향'에 대해 한 번에 이해하기는 어려울 거야. 지금 꼭 다 이해할 필요는 없단다. 그러니 타미와 로보의 이야기를 부담 없이 들어보렴.

무엇을 해야 할까?

'객체 지향'이라니 그건 또 무슨 말이야?

과거에는 '객체 지향'이라는 개념이 없었어요. 지금까지 우리가 공부한 것처럼, 프로그램의 구조를 이해하기 쉽게 나누어서 만들면 됐죠. 하지만 점차 프로그램의 규모가 커지면서 구조적으로 프로그래밍을 하더라도 너무 복잡하고 어려워질 수밖에 없었어요.

그렇겠다.
여러 프로그램이 얽히고설켜 커다란 시스템을 이루고 있으니 말이야.

맞아요. 그래서 새로운 프로그래밍 기법이 필요해진 거죠. 고민하던 사람들은 우리가 사는 세상에 대해 생각했어요. 세상은 수많은 '물체(object)'들로 복잡하게 얽혀 있지만 나름의 질서로 잘 유지되고 있잖아요. 여기서 아이디어를 얻었죠.

그럼 프로그램에서도 다양한 물체(object)를 만든다는 거야?

현실 세계의 물체를 프로그램에서는 **'객체(object)'**라고 해요. 같은 종류의 객체들이 가지고 있는 공통적인 것들을 뽑아서 정의해 두고 프로그래밍하는 거죠.
이걸 **'객체 지향 프로그래밍**(OOP: Object-Oriented Programming)'이라고 해요.

휴….
잘 이해가 안 돼.

예를 들어, 아래와 같은 모양들은 '객체(object)'에요.
이 객체들은 다음과 같은 특징과 기능을 가지고 있죠.

이름 : 집 모양
변의 길이 : 50/50
각도 : 60

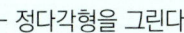

- 정다각형을 그린다
- 직사각형을 그린다
- 평행사변형을 그린다
- 별을 그린다

이름 : 액자 모양
변의 길이 : 110/50
각도 : 100

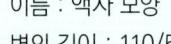

- 정다각형을 그린다
- 직사각형을 그린다
- 평행사변형을 그린다
- 별을 그린다

위 객체들은 공통적인 특징과 기능들을 가지고 있지요?
이렇게 같은 종류의 객체들의 공통점을 모아 정의하는 것을
객체들의 '클래스(class)'라고 한답니다.

 '클래스(class)'에 객체들의 특징과 기능을 미리 정의해두고
그것을 가져와서 프로그래밍한다는 거지?

맞아요! 예를 들어 '모양'이라는 클래스에 객체들의 특징과 기능을 정의해 둘 수 있어요.
클래스는 하나의 틀이 되어서 각 특징들을 입력하면 구체화된 객체를 만들어내죠.
이렇게 클래스에 속하는 각각의 구체화된 객체를 '인스턴스(instance)'라고 해요.

 그럼 '사람'이라는 클래스를 선언한다고 치면, 나이, 키, 몸무게 같은 특징과
먹고, 자고, 생각하는 기능 등으로 틀을 만들면 되겠다.
그 틀에 특징을 입력해 구체화시키면 나, 정이, 욱이 같은 인스턴스가 되는 거고!

훌륭해요! 사실 앞에서 배운 '모듈' 또한 클래스예요.
사람들이 많이 사용할만한 클래스를 기본으로 만들어 놓은 거죠.
이처럼 클래스를 선언해 두면 다른 프로그램을 작성할 때에도
호출해서 사용할 수 있어요.

뿐만 아니라 한 클래스가 다른 클래스로부터
성질들을 물려받아 사용할 수도 있답니다.
이걸 바로 '상속(inheritance)'이라고 해요.
마치 자식이 부모로부터 재산을 물려받는 것과 같죠.

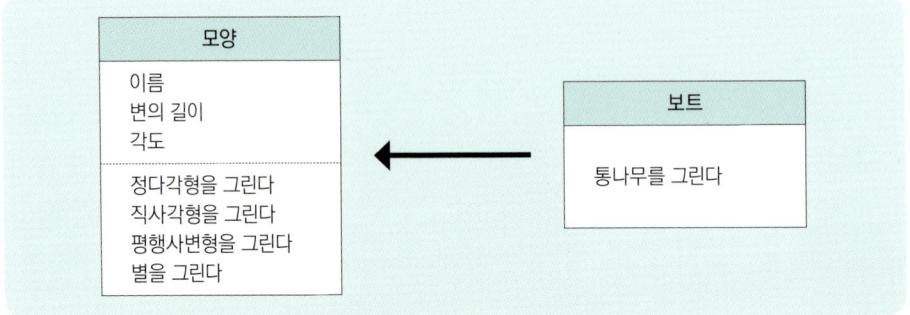

이때 성질을 물려주는 '모양' 클래스를 '부모 클래스'라 하고,
물려받는 '보트' 클래스를 '자식 클래스'라 해요.
이때 부모 클래스는 좀 더 추상적이고 일반화된 클래스이고,
자식 클래스는 구체적이고 특수화된 클래스죠.

그럼 '보트' 클래스는 '모양' 클래스로부터 상속을 받아
그 기능들을 사용한다 이거지? 거기에 통나무를 그린다는 기능을 추가한 거고.

맞아요! '모양' 클래스만 수정하면 이를 물려받은 '보트' 클래스는
따로 다시 수정할 필요가 없다는 장점이 있어요.
다시 한 번 말하지만 '객체 지향'은 어려운 개념이라 당장 명확히
이해하지 않아도 돼요. 프로그래밍을 공부하다보면 점점 익숙해질 거랍니다.

알겠어. 그래도 칼을 뽑았으면 무라도 썰어야지.
객체 지향 개념을 활용해서 돛단배를 그려볼래.

그런 마음가짐이라면 금방 배우겠는걸요?

어떻게 해야 할까?

먼저 클래스를 선언하는 방법을 알려줄게요.
객체들의 특징은 변수, 기능은 메서드로 표현해요.

```
class 클래스 명( ) :
    변수명 = 값
    def 메서드 명(self, 매개변수) :
        메서드를 호출하면 실행할 문장
        return 반환값
```

\# 변수로 객체들의 특징을 표현해.
\# 메서드란 클래스의 기능을 표현한 함수야.
\# 들여쓰기에 주의하렴.

메서드의 모양이 앞에서 배운 함수와 똑같네!

그렇죠? 클래스 안에서 정의된 함수를 '메서드(method)'라고 불러요.
클래스가 객체에 대해 수행할 수 있는 기능을 표현해요.
이때 메서드의 첫 번째 매개변수는 일반적으로 'self'를 쓴답니다.

그럼 한번 '모양'이라는 클래스를 만들어볼까?

```
class Figure() :
    num = 0
    angle = 0
    length = 0
    length2 = 0
    length3 = 0
```

\# 숫자형 변수를 선언할 때에는 보통 처음 값을 '0'으로 한단다.

이제 메서드를 정의할 차례예요.
제일 먼저 정다각형을 그리는 메서드를 만들어볼까요?

```
def polygon(self) :
    n = self.num
    leng = self.length
    for i in range(n) :
        t.forward(leng)
        t.left(360/n)
```

매개변수 'self'를 어떻게 사용하는지 잘 살펴보렴.
클래스 안에서 메서드를 정의할 때에는 들여쓰기에 주의해.

'self.num'과 같이 'self.변수명'의 형태로 클래스에서 선언한 변수를 가져와 메서드 안에서 사용할 수 있어요.

 그럼 평행사변형 메서드와 별 메서드는 내가 한번 만들어볼게.
이번에도 클래스 안에서 메서드를 정의하니 들여쓰기를 해야겠지?

```
def parallel(self) :
    leng = self.length
    leng2 = self.length2
    ang = self.angle
    for i in range(2) :
        t.forward(leng)
        t.left(ang)
        t.forward(leng2)
        t.left(180-ang)
```

```
def star(self) :
    leng = self.length
    for i in range(5) :
        t.forward(leng)
        t.right(144)
        t.forward(leng)
        t.left(72)
```

훌륭해요.
그럼 이번엔 Figure 클래스를 상속받는 Boat라는 클래스를 선언해볼까요?
부모 클래스를 상속받아 사용하기 위해서는 다음과 같이 자식 클래스를 선언해요.

```
class 자식 클래스 명(부모 클래스 명) :
    변수명 = 값
    def 메서드 명(self, 매개변수) :
        메서드를 호출하면 실행할 문장
        return 반환값
```

괄호 안에 부모 클래스 명을 써 주면 돼.

그럼 Boat 클래스는 이렇게 선언하면 되겠다.

class Boat(Figure) :

이제 Boat 클래스에서는 Figure 클래스의 기능들을 물려받아 자유롭게 사용할 수 있게 되었어요.

이 클래스에는 돛단배를 그릴 때 필요한 통나무를 그리는 메서드를 추가해야겠어. 통나무 모양은 이렇게 긴 원통모양을 눕힌 것처럼 그리고 싶어.

실행결과

```
def log(self) :
    leng = self.length
    t.circle(leng/2)
    t.forward(leng*4)
    t.left(90)
    t.forward(leng)
    t.left(90)
    t.forward(leng*4)
    t.left(180)
```

클래스 안에서는 모든 코드가 들여쓰기 된다는 것 잊지 마.
길이와 각도를 생각하며 원과 통 모양을 설정해줘야 해.

아까처럼 도형을 그리기 위해 원하는 위치로 흔적 없이 이동하는 함수도 만들어 사용하도록 해요. 이 함수는 모양을 그리는 기능이 아니라 이동하기 위한 함수이니까, Figure 클래스나 Boat 클래스 안의 메서드가 아니라 별도의 함수로 만드는 게 좋겠어요.

```
def go(x, y) :
    t.penup()
    t.goto(x, y)
    t.pendown()
```

클래스 안의 메서드가 아니라 별도의 함수니까 들여쓰기를 하면 안 돼!

이제 이 클래스와 함수를 적절하게 활용해서 메인 코드를 작성해 볼까요?
인스턴스는 이렇게 만들어 사용해요.

인스턴스 명 = 클래스 명( )
인스턴스 명.변수 = 값
인스턴스 명.메서드 명(매개 변수)

인스턴스란 클래스에 속하는
  객체를 의미해.

 우리가 사용할 클래스는 Boat 클래스니깐
다음과 같이 인스턴스를 생성하면 되는구나.

b = Boat()

변수에 값을 넣고 통나무 세 개를 위에서부터 나란히 그려요.
겹치지 않게 그리기 위해 적당한 위치로 이동해야겠죠?

b.num = 3
b.length = 50

for i in [0, -50, -100] :
    go(-100, i)
    b.log()

for문에서 in 뒤에 리스트를 쓰면
  i가 리스트의 항목으로 대입되면서
  반복된단다.

 그리고 통나무 가운데에 돛대를 그려 넣자. 가운데로 이동한 후,
위로 긴 기둥을 세우고 삼각형 모양의 돛을 달고 싶어.

go(0, -25)
t.left(90)
t.forward(b.length*4)
t.left(180)

b.polygon()

이번에는 옆으로 누운 정삼각형을 그리기
  때문에 각도에 유의하렴.

돛에는 별표를 넣어 꾸며 보아요.
적당한 위치로 이동해서 Figure 클래스로부터
상속받은 star 메서드를 사용해서요.

```
t.left(90)
go(15, 150)
b.length = 7
b.star()
go(0,0)
```

크기와 위치는 원하는 대로
적당히 조절하면 돼.

 좋아. 과연 우리가 생각한 대로 돛단배가 잘 그려졌을까?

그림이 잘 그려졌나 확인해볼까요?

실행결과

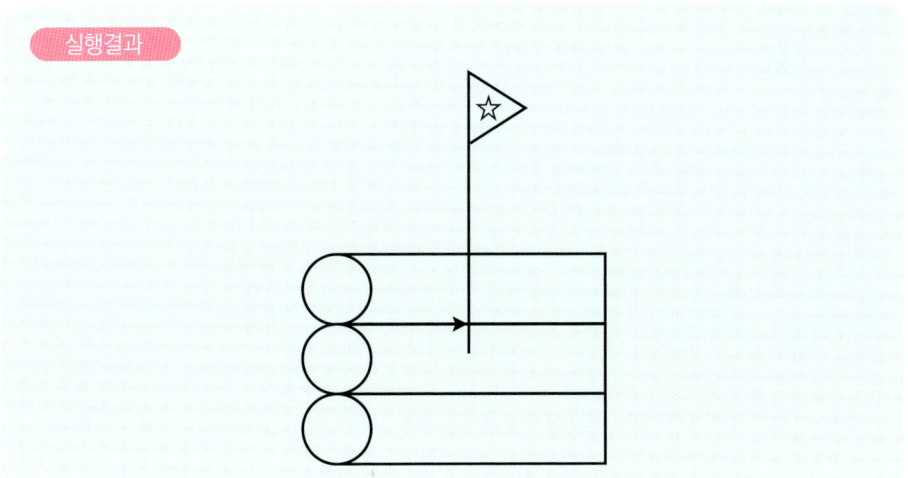

※ 전체 소스코드는 158~159쪽을 참고하세요.

확인해 보자!

 돛단배 설계도를 멋지게 그렸어. 그것도 클래스를 선언해서 말이야.
정말 뿌듯하다.

정말 수고했어요.
어서 이 돛단배를 실제로 만들어 무인도를 탈출해요.

 그러자. 영차영차. 앗, 하지만 파도가 너무 센데....
과연 우리의 첫 탈출 시도가 성공할 수 있을까?

더 알아보기

다양한 모듈을 사용해보자!

파이썬에는 turtle 모듈뿐 아니라 다양한 모듈을 기본으로 제공하고 있어. 이 모듈을 적절하게 활용하면 훨씬 더 유용한 프로그램을 만들 수 있단다. 그럼 지금부터 어떤 모듈들이 있는지 살펴보자.

1 임의의 수를 선택해주는 'random 모듈'

random 모듈은 특별한 규칙이나 이유 없이 무작위로 수를 뽑아주는 모듈이야. 이러한 수를 '임의의 수'라고 부르지. 프로그램을 만들 때 이런 임의의 수가 필요한 경우가 많이 있어.

예를 들어 하늘에서 떨어지는 물건을 피하는 게임을 만든다고 생각해 봐. 떨어지는 물건들이 어디에서 떨어질지는 특별한 규칙에 따라 결정되는 것이 아니라 무작위로 결정되어야 할 거야. 또 가게에서 열리는 추첨행사에서도 당첨자를 무작위로 뽑아야겠지? 이처럼 무작위로 어떤 수를 뽑을 때 사용하는 것이 random 모듈이야.

'random'은 '무작위의'란 뜻을 가진 영어 단어예요.

그럼 이 random 모듈을 가지고 재미난 프로그램을 만들어보자. 포춘쿠키라는 과자를 알고 있니? 포춘쿠키란 '오늘의 운세'를 적은 쪽지를 안에 넣은 쿠키야. 이 쿠키를 이용해서 오늘의 운을 점쳐보는 거지. 물론 재미로 말이야. 그럼 우리가 직접 오늘의 운을 점쳐보는 포춘쿠키 프로그램을 만들어 보는 건 어떨까?
어떤 식으로 만들면 좋을지 생각해 보렴.

이런 순서로 만들면 될 거야.
① random 모듈을 import 하기
② 'fortune'이라는 리스트를 만들어 오늘의 운세 내용을 추가하기
③ 임의의 수를 뽑고, 해당하는 리스트 항목을 보여주기
이것을 코드로 나타내면 다음과 같아.

```
import random as r

fortune = [ ]
fortune.append("오늘은 최고의 날이예요!")
fortune.append("빨간색 물건이 행운을 가져다 줄거예요.")
fortune.append("해야할 일에 최선을 다해야 합니다.")
fortune.append("열심히 노력한 만큼의 결과를 얻을 수 있어요.")
fortune.append("방심은 금물! 어떤 일이든 침착하게 하세요.")
fortune.append("소중한 사람을 만나게 될 거예요.")
fortune.append("사랑하는 사람에게 마음을 표현하세요.")
fortune.append("오늘은 책을 읽어보세요.")
fortune.append("야외활동을 하며 날씨를 만끽하세요.")
fortune.append("부모님께 감사의 마음을 전하세요.")

print("오늘의 운세 : ", r.choice(fortune))

# import 명령어로 random 모듈을 불러와야 사용할 수 있어.
# r.choice(fortune)은 fortune이라는 리스트 안에서 하나를 임의로 뽑겠다는 의미야.
```

여기서 choice(fortune)은 fortune이라는 리스트 안에서 하나를 임의로 뽑겠다는 의미야. 이밖에도 random 모듈이 가지고 있는 다른 기능들도 살펴보자.

명령어	설명
random()	0 이상 1 미만의 실수를 임의로 뽑기
randint(a, b)	a 이상 b 이하의 정수를 임의로 뽑기
choice(seq)	seq라는 자료 안에서 하나를 임의로 뽑기

이런 기능들을 사용하면 더 재미있고 유용한 프로그램을 작성할 수 있을 거야. 참 흥미로운 모듈이지? random 모듈을 사용해 오늘의 운세를 점쳐보렴.

② 시간을 알려주는 'time 모듈'과 날짜를 알려주는 'calendar 모듈'

이 밖에도 파이썬은 시간을 알려주는 time 모듈과 날짜를 알려주는 calendar 모듈 등을 기본으로 제공해주고 있어. 각각 어떤 기능들이 있나 살펴보고 활용해봐.

(1) time 모듈

명령어	설명
time()	이러한 시간 표시를 유닉스 시간(Unix time)이라고 합니다. 유닉스 계열의 운영체제에서 사용하는 시간이지요. 의미는 '1970년 1월 1일 자정 이후 누적된 초'입니다.
sleep(secs)	현재 동작 중인 프로그램을 주어진 secs만큼 정지하기
localtime(secs)	입력된 secs를 연,월,일,시,분,초 형태로 변경하기

(2) calendar 모듈

명령어	설명
calendar(y)	y년의 달력 출력하기
prmonth(y, m)	y년 m월의 달력 출력하기
weekday(y, m, d)	y년 m월 d일이 무슨 요일인지 반환(월:0 ~ 일:6)

이처럼 기본으로 제공되는 다양한 모듈이 있으니 필요에 따라 자유롭게 사용해보렴.

# 로보가 내주는 숙제

모듈과 함수를 이용하면 풍부한 프로그램을 만들 수 있어. 오늘도 파이팅하렴!

1 무지개가 원래 동그란 모양인 거 알고 있니? 나머지 부분은 땅에 가려 안 보이는 거래. turtle 모듈을 이용해서 다음과 같이 동그란 무지개를 그려봐. 방법은 다양하지만 7개의 원을 반복해서 그리니까 for문을 사용하자.

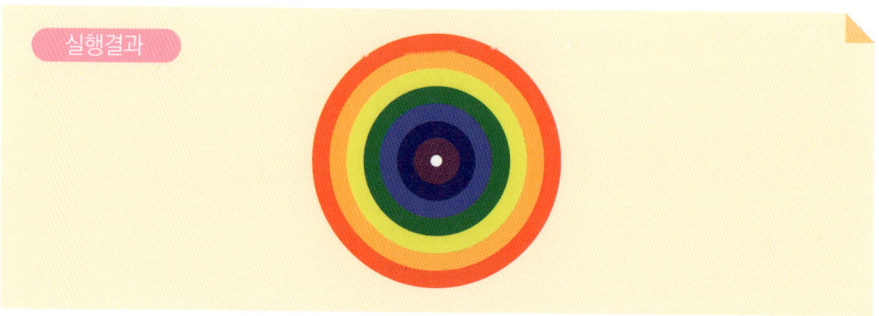

실행결과

2 random 모듈을 사용해서 거북이가 자유롭게 그림을 그리게 만들어봐. 색깔, 방향, 거리 등을 모두 무작위로 선택해서 그리게끔 하는 거지! 마찬가지로 for문이나 while문을 이용해서 반복하게 해야 할 거야. 다음과 같이 멋진 추상화를 그려보렴.

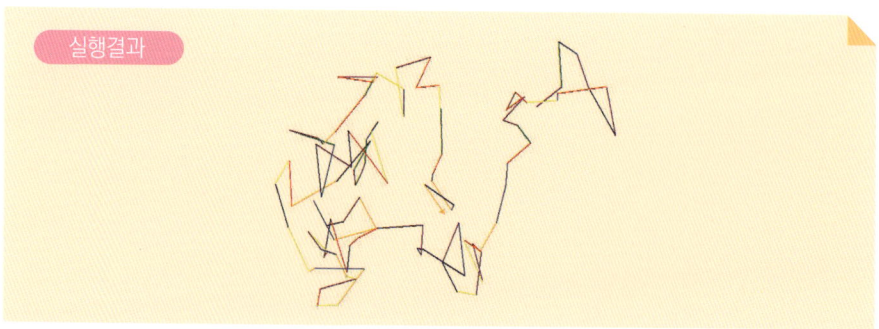

실행결과

random모듈로 임의의 색깔, 방향, 거리를 선택했으니 <u>결과는 모두들 다를 거야</u>. 이 그림은 100번 반복한 결과란다.

한눈에 보기

배운 내용을 얼마나 기억하고 있는지 복습해볼까?

CHECK 1

turtle 모듈이란?
- 모듈 : 프로그램 작성에 활용 가능한 코드들의 모음
- 모듈 가져오기 : import 모듈명 as 별명
- turtle 모듈은 그림을 그릴 때 사용한다.

CHECK 2

함수란?
- 함수 : 인자를 매개변수로 입력하면 알고리즘을 수행해 반환값을 내놓는 상자
- 지역변수 : 함수 안에서만 사용하는 변수
- 전역변수 : 프로그램 전체에서 사용하는 변수

CHECK 3

객체 지향 이해하기
- 객체 지향 프로그래밍 : 같은 종류의 객체들의 공통점을 뽑아 정의해 사용하는 프로그래밍
- 클래스 : 같은 종류의 객체들의 공통점을 모아 정의한 것
- 인스턴스 : 클래스에 속하는 각각의 구체화된 객체
- 상속 : 한 클래스가 다른 클래스로부터 성질들을 물려받는 것

소스코드

 돛단배 만들기 3의 소스코드

```python
import turtle as t

class Figure() :
    num = 0
    angle = 0
    length = 0
    length2 = 0
    length3 = 0

    def polygon(self) :
        n = self.num
        leng = self.length
        for i in range(n) :
            t.forward(leng)
            t.left(360/n)

    def parallel(self) :
        leng = self.length
        leng2 = self.length2
        ang = self.angle
        for i in range(2) :
            t.forward(leng)
            t.left(ang)
            t.forward(leng2)
            t.left(180-ang)

    def trape(self) :
        leng = self.length
        leng2 = self.length2
        leng3 = self.length3
        ang = self.angle
        t.forward(leng)
        t.left(ang)
        t.forward(leng2)
        t.left(180-ang)
        t.forward(leng3)
        t.left(180-ang)
        t.forward(leng2)

    def star(self):
        leng = self.length
        for i in range(5) :
            t.forward(leng)
            t.right(144)
            t.forward(leng)
            t.left(72)

class Boat(Figure) :
    def log(self) :
        leng = self.length
        t.circle(leng/2)
        t.forward(leng*4)
        t.left(90)
        t.forward(leng)
        t.left(90)
        t.forward(leng*4)
        t.left(180)
```

```
def go(x, y) :
    t.penup()
    t.goto(x, y)
    t.pendown()

b = Boat()
b.num = 3
b.length = 50

for i in [0, -50, -100] :
    go(-100, i)
    b.log()

go(0, -25)
t.left(90)
t.forward(b.length*4)
t.left(180)

b.polygon()

t.left(90)
go(15, 150)
b.length = 7
b.star()
go(0,0)
```

식인 물고기 무찌르기 프로젝트

멋진 돛단배를 만들어 무인도를 탈출하려 했지만 역부족인가 봐. 거센 파도 때문에 100m도 채 나가지 못하고 다시 해변으로 돌아오기를 수십 번. 타미와 로보는 녹초가 되고 말았어.

 우리 힘만으로는 역부족이야. 배를 더 힘차게 움직이게 할 방법이 없을까?

추락한 비행기 잔해에서 모터를 뜯어 활용해보아요.

추락한 비행기 잔해에서 우리가 필요한 부품들을 뜯어 사용하려고 해. 그런데 비행기 잔해 근처에는 식인 물고기들이 있어. 식인 물고기들한테 작살을 던져서 무찌르고 부품을 구하자!

무엇을 해야 할까?

 어디서부터 무엇을 어떻게 시작해야 할지 막막해.

그럴 땐 조금씩 나누어 생각해봐요.
일단 프로그램을 만드는 데 필요한 등장인물을 살펴볼까요?

등장인물

등장인물	모양	역할 및 움직임
작살	화살표	• 각도를 방향키로 조정한다. • 시작 위치 : 가운데 • 목표 : 식인 물고기 맞추기
식인 물고기	파란 삼각형	바다 위 임의의 위치에서 나타난다.
배경	흰색 바탕	• 식인 물고기를 맞추면 "잡았어요!"라고 뜬다. • 못 맞추면 "다시 도전해요."라고 뜬다.

이 등장인물들로 어떤 프로그램을 만들어야 할까요?

 식인 물고기가 나타나면 작살을 각도를 설정해서 던지도록 하는 거야.
식인 물고기가 맞을 때까지 계속 반복하는 거지.

그 기능들을 프로그래밍하기 위해서는 모듈이 필요해요.

필요한 모듈

모듈	기능
turtle	• 그림을 그리기 위한 라이브러리 • 게임 판을 만들고 게임을 실행하기 위해 필요함
random	• 임의의 수(random number)를 뽑기 위한 라이브러리 • 식인 물고기의 위치를 설정하기 위해 필요함

게임 진행을 위해서는 다음과 같은 메서드를 설정해야겠어.

작살 방향 조정을 위한 메서드

메서드 이름	기능
turn_left()	작살의 방향을 왼쪽으로 조정한다.
turn_right()	작살의 방향을 오른쪽으로 조정한다.
fire()	작살을 발사한다.

이 함수들은 개별적으로 만들어 사용해도 되지만,
Game이라는 클래스에 메서드로 모아 놓고 사용하는 게 좋겠어요.
비슷한 게임을 만들 때 다시 사용할 수 있으니까요.

좋은 생각이야. 이밖에도 배경을 그릴 때 유용한 함수도 만들어 사용하자.
게임 진행의 기능을 하는 것이 아니니,
Game 클래스의 메서드가 아니라 별개의 함수로 만들 거야.

배경을 그리기 위한 함수

함수 이름	기능
go(x, y)	배경을 그리기 위해 거북이의 위치를 이동한다.

이 정도면 준비가 된 것 같아요.
이제 프로그램을 만들어 봐요.

어떻게 해야 할까?

구상한 프로그램을 파이썬으로 작성할 차례예요.
가장 먼저 해야 할 일은 프로그램에서 사용할 모듈을 호출하는 거예요.

```
import turtle as t
import random as r          # 별명은 꼭 붙여야 하는 건 아니야.
```

다음으로 함수를 설정해야겠지?
게임 진행을 위한 기능들은 Game 클래스에 모아 메서드로 만들기로 했어.
먼저 클래스를 선언하고 작살을 오른쪽, 왼쪽으로 움직여
각도를 설정하는 메서드를 만들자.

```
class Game() :                  # 클래스 안에 메서드들을 만들 땐 들여쓰기에 주의해.
    # 방향 조정을 위한 메서드
    def turn_left(self) :       # 메서드의 매개 변수는 관용적으로 'self'를 사용해.
        if t.heading() < 120 :  # 작살의 방향이 아래쪽을 향하지 않도록
            t.left(2)              if문을 사용해 각도를 제한했어.

    def turn_right(self) :
        if t.heading() > 60 :
            t.right(2)
```

작살의 방향을 설정했다면 이제 발사하기 위한 함수가 필요해요.
복잡해 보이지만 차근차근 작성하면 할 수 있을 거예요.

```
# 작살 발사를 위한 메서드
def fire(self) :
    ang = t.heading()               # 작살이 향하는 각도를 'ang'라는 변수로 저장해.
    while t.ycor() < 150 :          # 작살의 y좌표가 0보다 크다면 계속해서
        t.forward(15)                  움직이도록 설정했어.
    d = t.distance(target, 150)     # 식인 물고기까지의 거리를 'd'라는 변수로 저장해.
```

```
        if d < 15 :                    # 식인 물고기에 닿았다면
            t.goto(0, 0)
            t.color("blue")
            t.write("잡았어요!", False, "center", ("",20))
        else :                         # 그렇지 않다면
            t.color("red")
            t.write("다시 도전해요.", False, "center", ("", 10))

            t.color("black")
            t.goto(0,-140)             # 발사 후 작살 위치를 원래대로 돌아오게 해.
            t.setheading(ang)          # 발사 후 작살 각도를 원래대로 돌아오게 해.
```

어라? 처음 보는 명령어들이 보여. 무슨 의미지?

아, 이거 말이에요? 어떤 기능을 하는지 알려줄게요.

- turtle 모듈의 ycor() : 거북이의 y좌표 값 구하기
- turtle 모듈의 write("문자열", False, "center", ("", 10)) : 거북이 위에 글자크기 10, 가운데 정렬하여 문자열을 보여주기

생각보다 어렵지 않구나.
이제 게임의 배경을 만들 때 사용할 go 함수도 프로그래밍해야지.
배경을 그리기 위한 함수이니 Game 클래스의 메서드가 아니라
새로운 함수로 만들 거야.

```
def go(x, y) :            # 펜의 흔적을 남기지 않고 원하는 위치로
    t.penup()                이동할 수 있을 거야.
    t.goto(x, y)          # 클래스 안의 메서드가 아니라 별도의 함
    t.pendown()              수니까 들여쓰기를 하면 안 돼!
```

자, 준비 완료!
이제 게임의 배경을 프로그래밍할 거야.

```
#땅 그리기
go(-150,-150)
t.forward(300)
```
x좌표와 y좌표가 각각 -150인 위치로 가서 300만큼 땅을 그려.

같은 방법으로 바다도 그려요.

```
#바다 그리기
go(-150,150)
t.color("skyblue")
t.forward(300)
```
하늘색 바다는 땅보다 위쪽에 그릴 거야. y좌표가 150인 것 보이지?

마지막으로 식인 물고기와 작살을 그리자.

```
#식인 물고기 그리기
target = r.randint(-150, 150)
```
식인 물고기의 위치는 -150 ~ 150 사이에 무작위로 설정돼.

```
t.pensize(2)
t.color("blue")
go(target-10, 150)

t.begin_fill()
```
색칠하는 범위의 시작을 지정하는 명령어야.

```
for i in range(3) :
    t.forward(20)
    t.left(120)

t.end_fill()
```
삼각형을 그려서 식인물고기를 표현할 거야.

색칠하는 범위의 끝을 지정하는 명령어야.

```
#작살 그리기
t.color("black")
t.up()
t.goto(0,-140)
t.setheading(90)        # 작살의 첫 각도는 항상 90도야.
```

좋아요. 그동안 배운 내용을 잘 응용하는군요. 마지막으로 함수를 실행시켜야 해요.
클래스의 메서드를 사용할 땐 제일 먼저 무엇을 생성해야 하죠?

인스턴스를 생성해야지! 이렇게 말이야.

g = Game()

키보드를 눌렀을 때 원하는 함수를 실행하게끔 할 수는 없을까?
키보드를 이용해서 작살의 각도를 조정할 수 있도록 말이야.

turtle 모듈의 onkeypress 명령어를 사용하면 가능해요.
이렇게 사용하면 된답니다.

- turtle 모듈의 onkeypress(함수명, "키 이름") : 키를 눌러 설정한 함수 실행
- turtle 모듈의 listen() : 설정한 키보드 값을 거북이 그래픽 창에 적용

다만 키 이름을 작성할 때에는 대소문자에 유의해야 해요.
대소문자를 잘못 쓰면 작동이 되지 않거든요.

키보드 키	키 이름
왼쪽	Left
오른쪽	Right
위쪽	Up
아래쪽	Down
스페이스 키	Space

키 이름은 외워두고 있으면 유용하겠구나.

맞아요.
그럼 위 명령어들을 이용해서 게임을 진행하는 코드를 작성해볼까요?

```
t.onkeypress(g.turn_right, "Right")     # 클래스 안의 메서드를 사용하기 때문에
t.onkeypress(g.turn_left, "Left")          인스턴스 명을 반드시 넣어줘야 해.
t.onkeypress(g.fire, "space")
t.listen()
```

하나씩 따라 하다 보니 금세 완성되었어.
이제 작살을 던져서 식인 물고기를 물리치기만 하면 돼.

그래요. 어서 실행해 봐요!

※ 전체 소스코드는 183~184쪽을 참고하세요.

확인해 보자!

자, 프로그램이 잘 작동하는지 확인해보고 직접 게임도 해봐요.

프로그램을 실행하면 이런 화면이 떠.
식인 물고기의 위치는 실행할 때마다 달라질 거야.

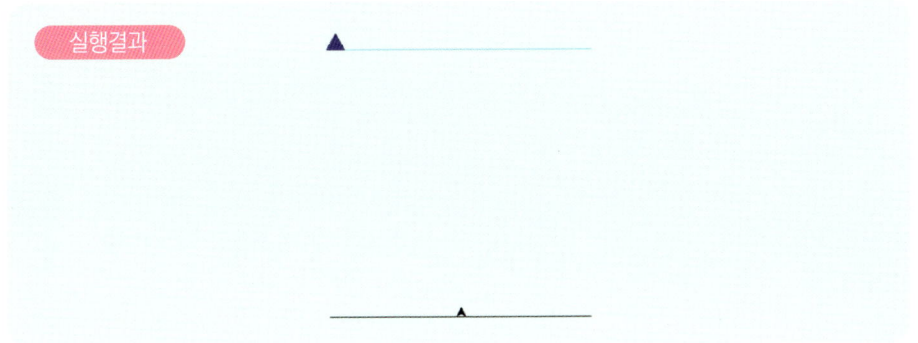

방향키 오른쪽, 왼쪽을 사용해서 각도를 조절하고,
스페이스를 눌러 작살을 던져 봐요.

앗, 맞추지 못하니 "다시 도전해요."라고 뜨네.
다시 각도를 조절해서 쏴볼게.
한 번, 두 번, …. 맞췄다!
내가 맞췄어!

실행결과 도전해 보세요! 다시 눌러 주세요. 문제로 연결해요.

잡았어요!

잘했어요! 식인 물고기를 쫓아냈어요.
이제 부품을 구하러 가요!

# 부품 구하기 게임

이제 식인 물고기를 모두 무찔렀으니 바다 건너 바위에서 부품을 구할 수 있을 거야. 그런데 바다에 움직이는 저 뾰족한 지느러미는 뭘까? 설마 상어?

 으악! 바다 속에 상어도 있는 것 같아.
어떻게 하면 상어를 피해 안전하게 부품을 구할 수 있을까?

게다가 암초가 많아 어떤 것이 암초이고,
어떤 것이 부품인지 구분이 잘 되지 않아요.

그럼 지금부터 상어를 피해서 비행기 부품까지 도달하는 프로그램을 만들어보자. 키보드를 사용해 거북이를 조종할 거야. 거북이를 향해 다가오는 상어와 만나지 않고 비행기 부품을 찾으면 성공하는 게임이야. 하지만 조심해. 애써 찾아낸 것이 비행기 부품이 아니라 암초일지도 몰라.

준비됐니? 자, 심호흡 크게 하고 한 번 해보는 거야!

무엇을 해야 할까?

이번에도 어떤 프로그램을 만들어야 할지 차근차근 생각해보자.
우선 등장인물들을 살펴볼까?

각 등장인물의 역할과 움직임을 살펴보면서
어떻게 코드를 작성해야 할지 생각해보세요.

등장인물

등장인물	모양	역할 및 움직임
거북이	하얀색 거북이	• 균일한 속도(15)로 움직인다. • 사용자가 키보드로 방향을 조작한다. • 목표: 상어를 피하고 비행기에 도달하기.
상어	빨간색 삼각형	• 임의의 위치에서 출발해 균일한 속도(13)로 움직인다. • 거북이가 있는 방향으로 따라 움직인다.
비행기	초록색 원	임의의 위치에 정지한 채로 있다.
암초(2개)	초록색 원	임의의 위치에 정지한 채로 있다.

이 중에서 거북이를 움직여서 게임을 하게 될 거야.
키보드를 사용해 거북이가 움직이는 방향을 조정하는 함수를 만들어 사용하자.

거북이 방향 조정을 위한 메서드

메서드 이름	기능
turn_right()	거북이의 방향을 오른쪽으로 조정한다.
turn_up()	거북이의 방향을 위쪽으로 조정한다.
turn_left()	거북이의 방향을 왼쪽으로 조정한다.
turn_down()	거북이의 방향을 아래쪽으로 조정한다.

함수를 만들기 위해 어떻게 코드를 작성해야 할지 느낌이 오나요?
이번에도 함수들을 Game 클래스에 메서드로 만들어 봐요.
이전에 만든 클래스를 호출하고 싶지만 기능이 달라서 새로 만들어야 해요.
이외에 또 필요한 메서드가 무엇이 있을까요?

 게임을 진행하고 결과를 보여주는 메서드가 필요할 것 같아.

게임 진행을 위한 메서드

메서드 이름	기능
play()	• 거북이가 15의 속도로 앞쪽으로 움직인다. • 상어의 방향을 거북이가 있는 쪽으로 조정한다. • 상어가 13의 속도로 앞쪽으로 움직인다. • 만약 거북이가 비행기와 만나면 '부품을 찾았어요!' 메시지를 보여주며 게임이 종료된다. • 만약 거북이가 암초와 만나면 '암초였어요.' 메시지를 보여주며 게임이 계속 진행된다. • 만약 거북이가 상어와 만나면 '다시 도전해요.' 메시지를 보여주며 게임이 종료된다. • 만약 거북이가 비행기 혹은 상어와 만나지 않으면 0.1초 후 play 함수를 반복한다.
result(msg, dur)	• 게임 지속 여부를 판단하여 게임 결과 메시지를 매개변수로 받아 보여준다. • 게임이 지속되는 경우 앞으로 15 이동하여 암초에 닿지 않게 한다. • 게임이 종료된 경우 상어와 비행기의 위치를 임의의 위치로 재조정한다(다음 게임을 위한 준비).

 좋아요! 그리고 앞에서 배운 turtle 모듈의 onkeypress 명령어로 키보드에 반응하게 만들면 된답니다.

 어떻게 코드를 작성할지 어서 살펴보자!

 살펴보기 전에 스스로 작성해보는 것도 재미있을 거예요. 같은 프로그램을 만들더라도 다양하게 코드를 작성할 수 있거든요. 항상 더 효율적이고 간단한 코드를 고민하는 습관을 가져보아요!

 하지만 과연 내가 스스로 할 수 있을까?

 틀리면 좀 어때요? 실패는 성공의 어머니라고 하잖아요. 직접 생각해보고 코드를 작성하는 시도만으로도 충분히 훌륭해요!

어떻게 해야 할까?

앞에서 구상한 프로그램을 파이썬으로 작성할 차례예요.

이번에도 가장 먼저 프로그램에서 사용할 모듈을 호출해야 할 거야.

```
import turtle as t          # 별명은 꼭 붙여야 하는 건 아니야.
import random as r
```

다음으로 등장인물 중 상어와 비행기, 그리고 암초 2개를 만들어요.
turtle 모듈을 이용해 거북이를 불러오고 원하는 색과 모양으로 만들어보세요.

각 등장인물의 시작 위치는 임의의 수를 뽑아 정할 거야.
random 모듈을 사용해서 말이야.

```
#상어
shark = t.Turtle()           # t.Turtle()을 이용하면 거북이를 여러 개 불러올 수 있어.
shark.shape("triangle")      # 상어는 빨간색 삼각형 모양으로 설정해줘.
shark.color("red")
shark.speed(0)
shark.penup()                # 그림을 그릴 필요가 없으니 penup()을 설정해야겠지?
shark.goto(r.randint(-200, 200), r.randint(-200, 200))
                             # 상어의 시작위치는 가로, 세로 각각 -200~200 중 임의의 수를 뽑아 정할거야.

#비행기 부품
parts = t.Turtle()
parts.shape("circle")        # 비행기 부품은 초록색 동그라미 모양으로 설정해줘.
parts.color("green")
parts.speed(0)
parts.penup()
parts.goto(r.randint(-200, 200), r.randint(-200, 200))
```

```
#암초
rock1 = t.Turtle()
rock1.shape("circle")         # 암초도 초록색 동그라미 모양으로 설정해서
rock1.color("green")             비행기 부품과 구분할 수 없게 할 거야.
rock1.speed(0)
rock1.penup()
rock1.goto(r.randint(-200, 200), r.randint(-200, 200))

rock2 = t.Turtle()
rock2.shape("circle")
rock2.color("green")
rock2.speed(0)
rock2.penup()
rock2.goto(r.randint(-200, 200), r.randint(-200, 200))
```

나머지는 알겠는데, randint 명령어는 잘 모르겠다.

random 모듈의 randint(a, b) 명령어는 임의의 수를 뽑아내는 명령어예요.

- turtle 모듈의 goto(x, y) : (x, y) 좌표로 이동시키기
- random 모듈의 randint(a, b) : a부터 b까지의 정수 중 임의의 수를 뽑기

즉, shark.goto(r.randint(-200, 200), r.randint(-200, 200))는
-200부터 200까지의 정수 중 하나를 무작위로 선택해 좌표를 만들고,
shark(상어)를 이동시키라는 의미예요.

아하! 그럼 상어뿐 아니라 비행기 부품과 암초 모두
무작위로 선택된다는 말이구나.

다음으로 키보드 방향키에 따라 거북이의 방향을 조정하는 함수를 만들어봐요. 나중에 onkeypress 명령어에서 사용될 거예요.

이번에도 Game 클래스에 게임과 관련한 메서드를 모아보자. 먼저 거북이의 방향을 조정하기 위한 메서드를 만들게.

```
class Game() :
    # 방향 조정을 위한 메서드
    def turn_right(self) :      # 메서드의 매개변수는 관용적으로 'self'를 사용해.
        t.setheading(0)         # 거북이의 방향(각도)를 0도, 즉 오른쪽으로 하겠다는 의미야.

    def turn_up(self) :
        t.setheading(90)

    def turn_left(self) :
        t.setheading(180)

    def turn_down(self) :
        t.setheading(270)
```

게임을 진행하기 위한 함수도 만들어야 해요. 우선 코드를 보여줄게요.

```
    # 게임 진행을 위한 메서드
    def play(self) :
        t.clear()                       # 결과 메시지를 없애고 처음 상태로 되돌리는 함수야.
        t.forward(15)

        ang = shark.towards(t.pos())    # 상어가 거북이를 바라보는 각도를 계산해.
        shark.setheading(ang)
        shark.forward(13)

        duration = 0                    # 게임 지속 여부를 나타내는 변수를 선언했어.
```

```
if t.distance(parts) < 15 :        # if문을 사용할 때 콜론(:)과 들여쓰기를 잊지 마!
    self.result("부품을 찾았어요!", duration)
elif t.distance(rock1) < 15 or t.distance(rock2) < 15 :
    duration = 1
    self.result("암초였어요.", duration)
elif t.distance(shark) < 15 :
    self.result("다시 도전해요.", duration)
else :
    t.ontimer(g.play,100)    # 아무 것도 만나지 않는다면 play 메서드를 계속 반복해.
```

이 중에서 다음 명령어가 생소할 거예요. 어떤 기능을 하는지 살펴봐요.

- turtle 모듈의 towards(x, y) : (x, y)좌표를 바라보는 각도 구하기
- turtle 모듈의 pos() : 거북이의 위치, 즉 좌표 구하기

그럼 ang라는 변수는 거북이의 현재 좌표를 구해서
shark(상어)가 바라보는 각도를 구한 값이 되겠구나.

맞아요. setheading을 이용해 이 각도대로 바라보게 했으니
상어는 항상 거북이가 있는 쪽을 바라보는 거죠.
그럼 play 메서드에 있는 if문은 어떻게 해석할 수 있을까요?

① 만약, 거북이에서 parts(부품)까지의 거리가 15보다 작다면, "부품을 찾았어요!"라는 메시지와 duration(지속여부) 변수의 값 0을 매개변수로 result 함수를 호출한다.
② 만약, 거북이에서 rock1이나 rock2(암초)까지의 거리가 15보다 작다면, "암초였어요."라는 메시지와 duration(지속여부) 변수의 값 1을 매개변수로 result 함수를 호출한다.
③ 만약, 거북이에서 shark(상어)까지의 거리가 15보다 작다면, "다시 도전해요."라는 메시지와 duration(지속여부) 변수의 값 0을 매개변수로 result 함수를 호출한다.
④ 만약 그렇지 않다면, 0.1초 후 play라는 함수를 실행한다.

ontimer라는 명령어도 처음 봐.

ontimer는 다음과 같은 기능을 해요.

- turtle 모듈의 ontimer(함수명, 시간) : 해당 시간이 지난 뒤 함수를 실행하기

이때 시간의 단위는 밀리초, 즉 1/1,000초가 기준이에요.
때문에 이 프로그램에서는 0.1초 후에 play라는 메서드를 실행시키겠다는 거예요.

아, 좀 이해가 된다. 아무것도 닿지 않으면 매 순간 함수를 다시 실행해야 하니 ontimer라는 명령어를 쓴 거구나.

그렇죠. 그럼 이제 게임이 종료되었을 때 결과 메시지를 보여주고 새로운 게임을 위해 위치를 재조정하는 함수인 result 함수도 만들어 봐요.

```
# 결과 출력을 위한 메서드
def result(self, msg, dur) :
    if dur == 1 :                              # 만약 dur(지속여부)가 1이라면
        t.forward(15)                          # 암초와 거리를 두기 위해 앞으로 15만큼 가고
        t.write(msg, False, "center", ("", 20))    # 거북이 위치에 문자를 출력해.
    else :                                     # 그렇지 않다면
        t.goto(0, 0)                           # 가운데에 결과를 출력하고
        t.write(msg, False, "center", ("", 20))
        shark.goto(r.randint(-200, 200), r.randint(-200, 200))
        parts.goto(r.randint(-200, 200), r.randint(-200, 200))
        rock1.goto(r.randint(-200, 200), r.randint(-200, 200))
        rock2.goto(r.randint(-200, 200), r.randint(-200, 200))
                                               # 게임이 종료되어 각자 새로운 임의의 자리로 가.
```

이 중에서 write라는 명령어 기억하나요?

물론이지 거북이 위치에 문자를 출력해주는 명령어잖아.
다음과 같이 사용하는 거지.

- turtle 모듈의 write("문자열", False, "center", ("",크기))

다시 말해 result 메서드에서 매개변수로 받은 메시지(msg)를 가운데 정렬하여
20만큼의 크기로 출력하게 돼.

대단한데요? 배운 내용을 잊지 않고 있군요.

항상 다시 복습하고 있어. 안 그러면 금방 잊어버리더라고.
다시 게임을 마무리해보자.

그래요. 마지막으로 게임의 배경을 설정하고,
키보드를 조작하여 함수를 실행시키도록 코드를 작성하면 돼요.

오! 이것도 앞에서 배운 내용이잖아. 내가 한번 해볼게.
우선 인스턴스를 생성하고,

```
g = Game()
```

배경을 설정한 후 게임 진행을 위한 명령어를 써넣는 거지.

```
#게임 배경 설정 및 진행하기
t.setup(450, 450)              # 창의 크기는 가로 450, 세로 450으로 하고 배경
                                 색은 하늘색으로 정했어.
t.bgcolor("skyblue")
t.shape("turtle")
t.speed(0)
t.penup()
t.goto(0, 0)
t.color("white")

t.onkeypress(g.turn_right, "Right")   # 키 이름을 쓸 때에는 대소문자에 유의해!
t.onkeypress(g.turn_up, "Up")         # 클래스에 있는 메서드를 사용할 때는
t.onkeypress(g.turn_left, "Left")       인스턴스 명을 붙여 주어야 해.
t.onkeypress(g.turn_down, "Down")
t.onkeypress(g.play, "space")         # 스페이스를 누르면 게임이 시작돼.
t.listen()
```

우와! 어느덧 또 하나의 프로그램을 완성시켰어요.
한 줄 한 줄 이해하다보니 생각보다 어렵지 않지요?
여기까지 따라오다니 정말 대단해요. 진짜 프로그래머 못지않은걸요.

이게 다 로보가 하나씩 설명해준 덕분이야.
혼자였으면 힘들었을 거야. 고마워!

헤헤, 별 말씀을요.
이제 부품을 구하러 가요.

※ 전체 소스코드는 185~187쪽을 참고하세요.

확인해 보자!

프로그램이 잘 작동하는지 확인해보고 직접 게임도 해봐요.

프로그램을 실행하면 이런 화면이 떠.
단, 상어와 비행기, 암초의 위치는 임의로 결정되니 실행시킬 때마다 다를 거야.

실행결과

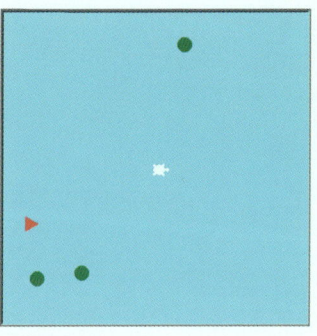

게임을 시작하려면 어떻게 해야 하지?

스페이스 바를 누르면 play 메서드가 실행되게 설정해 두었잖아요.
스페이스를 눌러 시작하고 방향키로 게임을 해보세요.

맞다, 맞아! 상어를 잘 피해 부품을 찾아낸다면 "부품을 찾았어요!"라는
메시지가 뜨며 게임이 종료되고, 찾아낸 것이 부품이 아닌 암초라면
"암초였어요."라는 메시지와 함께 게임이 계속될 거야.

그리고 부품을 찾기 전에 상어와 만난다면 "다시 도전해요."
메시지가 뜨면서 게임이 종료되겠죠?

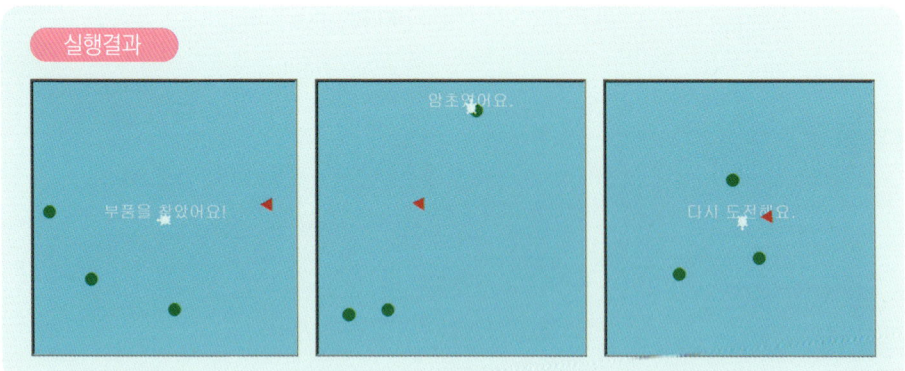

우와!
우리에게 꼭 필요했던 부품들을 찾았어요!

정말 다행이야. 이제 필요한 부품을 얻었으니 돛단배를 업그레이드할 수 있겠어. 무인도를 탈출할 배를 완성해보자.

소스 코드

1 식인 물고기 무찌르기 프로젝트의 소스코드

```python
import turtle as t
import random as r

class Game() :
    # 방향 조정을 위한 메서드
    def turn_left(self) :
        if t.heading() < 120 :
            t.left(2)

    def turn_right(self) :
        if t.heading() > 60 :
            t.right(2)

    # 작살 발사를 위한 메서드
    def fire(self) :
        ang = t.heading()

        while t.ycor() < 150 :
            t.forward(15)

        d = t.distance(target, 150)

        if d < 15 :
            t.goto(0, 0)
            t.color("blue")
            t.write("잡았어요!", False, "center", ("",20))
        else :
            t.color("red")
            t.write("다시 도전해요.", False, "center", ("", 10))

        t.color("black")
        t.goto(0,-140)
        t.setheading(ang)
```

돛단배 업그레이드 프로젝트 • 8일차

```python
def go(x,y) :
    t.penup()
    t.goto(x, y)
    t.pendown()

#땅 그리기
go(-150,-150)
t.forward(300)

#바다 그리기
go(-150,150)
t.color("skyblue")
t.forward(300)

#식인 물고기 그리기
target = r.randint(-150, 150)

t.pensize(2)
t.color("blue")
go(target-10, 150)

t.begin_fill()

for i in range(3) :
    t.forward(20)
    t.left(120)

t.end_fill()

#작살 그리기
t.color("black")
t.up()
t.goto(0,-140)
t.setheading(90)
```

```python
#게임 진행하기
g = Game()

t.onkeypress(g.turn_right, "Right")
t.onkeypress(g.turn_left, "Left")
t.onkeypress(g.fire, "space")
t.listen()
```

2 부품 구하기 게임의 소스코드

```python
import turtle as t
import random as r

#상어
shark = t.Turtle()
shark.shape("triangle")
shark.color("red")
shark.speed(0)
shark.penup()
shark.goto(r.randint(-200, 200), r.randint(-200, 200))

#비행기 부품
parts = t.Turtle()
parts.shape("circle")
parts.color("green")
parts.speed(0)
parts.penup()
parts.goto(r.randint(-200, 200), r.randint(-200, 200))

#암초
rock1 = t.Turtle()
rock1.shape("circle")
rock1.color("green")
rock1.speed(0)
rock1.penup()
rock1.goto(r.randint(-200, 200), r.randint(-200, 200))

rock2 = t.Turtle()
rock2.shape("circle")
rock2.color("green")
rock2.speed(0)
rock2.penup()
rock2.goto(r.randint(-200, 200), r.randint(-200, 200))
```

```python
class Game() :
    # 방향 조정을 위한 메서드
    def turn_right(self) :
        t.setheading(0)

    def turn_up(self) :
        t.setheading(90)

    def turn_left(self) :
        t.setheading(180)

    def turn_down(self) :
        t.setheading(270)

    #게임 진행을 위한 메서드
    def play(self) :
        t.clear()
        t.forward(15)

        ang = shark.towards(t.pos())
        shark.setheading(ang)
        shark.forward(13)

        duration = 0

        if t.distance(parts) < 15 :
            self.result("부품을 찾았어요!", duration)
        elif t.distance(rock1) < 15 or t.distance(rock2) < 15 :
            duration = 1
            self.result("암초였어요.", duration)
        elif t.distance(shark) < 15 :
            self.result("다시 도전해요.", duration)
        else :
            t.ontimer(g.play,100)
```

```
#결과 출력을 위한 메서드
def result(self, msg, dur) :
    if dur == 1 :
        t.forward(15)
        t.write(msg, False, "center", ("", 20))
    else :
        t.goto(0, 0)
        t.write(msg, False, "center", ("", 20))
        shark.goto(r.randint(-200, 200), r.randint(-200, 200))
        parts.goto(r.randint(-200, 200), r.randint(-200, 200))
        rock1.goto(r.randint(-200, 200), r.randint(-200, 200))
        rock2.goto(r.randint(-200, 200), r.randint(-200, 200))

g = Game()

#게임 배경 설정 및 진행하기
t.setup(450, 450)
t.bgcolor("skyblue")
t.shape("turtle")
t.speed(0)
t.penup()
t.goto(0, 0)
t.color("white")
t.onkeypress(g.turn_right, "Right")
t.onkeypress(g.turn_up, "Up")
t.onkeypress(g.turn_left, "Left")
t.onkeypress(g.turn_down, "Down")
t.onkeypress(g.play, "space")
t.listen()
```

드디어 탈출이다!

타미와 로보는 비행기 잔해에서 필요한 부품들을 모두 가져왔어. 이제 무인도를 탈출할 수 있는 배를 만들 거야.

 배에 모터를 달아서 힘센 배로 업그레이드 하자.

바다에서 사람들을 만날 수도 있으니 불빛을 쏘는 기능도 있으면 좋겠어요.

파이썬으로 실제 모터를 돌리고 불빛을 밝힐 수 있다고? 과연 가능할까? 물론이지. 바로 '마이크로비트'라는 피지컬 컴퓨팅 도구를 사용하면 돼. 이번 시간에는 파이썬으로 실제 기기를 움직이는 법을 배울 거야. 머지않아 타미와 로보가 무인도를 탈출하는 모습을 볼 수 있을 것만 같아!

무엇을 해야 할까?

피지컬 컴퓨팅이 뭐야?

'**피지컬 컴퓨팅**'이란 컴퓨터 프로그래밍을 통해 정보를 입력받아 현실 세계의 실제 장치로 출력하는 것을 말해요. 그 대표적인 도구에는 마이크로비트, 아두이노, 메이키메이키 등이 있답니다. 그중에서 우리는 마이크로비트를 조작하는 방법을 알아보려고 해요.

파이썬으로 진짜 물건을 움직이게 만든다니 기대된다!
그럼 우리 돛단배가 더욱 쓸모 있어지겠지? 그나저나 마이크로비트가 뭐야?

'**마이크로비트**'는 영국의 BBC에서 코딩교육 목적으로 만든 가로 4cm, 세로 2cm의 초소형 컴퓨터에요. 마이크로비트는 다음과 같이 생겼어요. 여기에 컴퓨터를 연결해 코드를 입력하고 25개의 LED를 조작하거나, 각종 센서나 모터 등 다양한 기능을 연결해 입력받은 데이터에 따라 작동하게끔 하는 거죠.

◇ 25개의 LED로 이루어진 LED 창
◇ 다양한 용도로 사용하는 2개의 버튼
◇ 하드웨어 확장용 핀
◇ 각종 센서(조도, 온도, 가속도, 자기)
◇ 무선통신기능
◇ USB 인터페이스

그럼 컴퓨터에는 어떻게 연결해?

구입 시에 동봉되어 있는 USB 케이블을 이용해 컴퓨터와 연결할 수 있어요. 이 케이블을 통해 전원을 공급할 수도 있고, 우리가 만든 프로그램을 마이크로비트에 전송할 수도 있죠.

 그렇구나. 마이크로비트는 파이썬으로만 작동시킬 수 있는 거야?

마이크로비트는 다양한 코딩 언어를 지원해요.
파이썬과 같은 텍스트 코딩 언어는 물론, MakeCode, 스크래치, 엔트리 등
다양한 블록코딩 언어도 지원하지요.

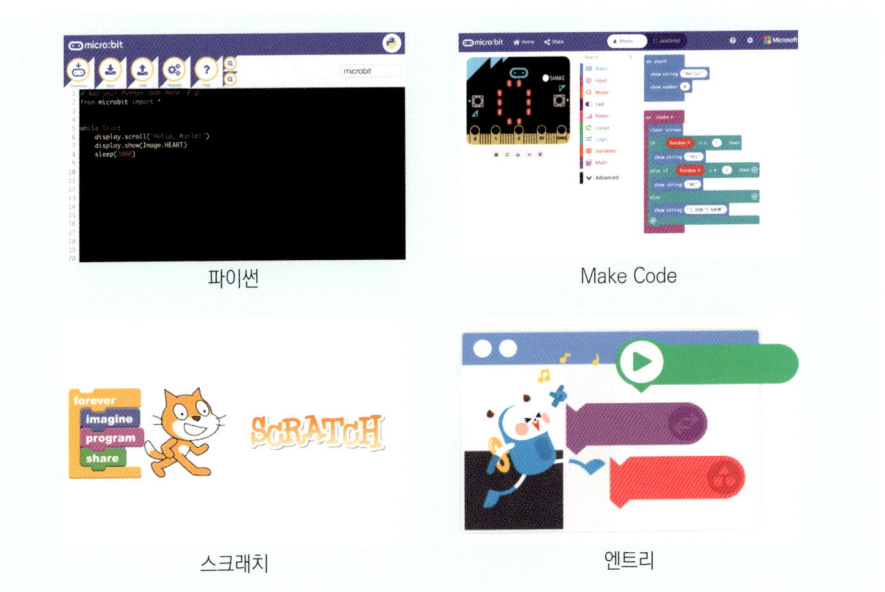

파이썬 　　　Make Code

스크래치 　　　엔트리

무인도 탈출 대작전 2 · **9일차**

 그럼 마이크로비트를 이용하면 실제 생활에서 사용할 수 있는 다양한 도구들을 만들 수 있겠구나?

 물론이죠. 자동으로 화분에 물을 주는 장치, 종이로 된 피아노, 온도에 따라 색이 달라지는 신호등과 같이 응용할 수 있는 분야가 정말 무궁무진해요.

화분 물주기 장치   돌고래 피아노   온도 신호등

 아주 유용한걸! 그럼 우리는 모터를 통해 프로펠러를 돌리고, 주변에 물체가 감지되면 빛을 밝히는 장치를 만들자.

 좋아요! 이 장치를 돛단배에 장착하면 무인도를 무사히 탈출할 수 있을 거예요.

마이크로비트는 온라인 쇼핑몰에서 쉽게 구할 수 있습니다.

어떻게 해야 할까?

 마이크로비트를 사용하려면 어떻게 해야 할까?

마이크로비트에 원하는 코드를 집어넣는 과정은 대략 다음과 같아요.

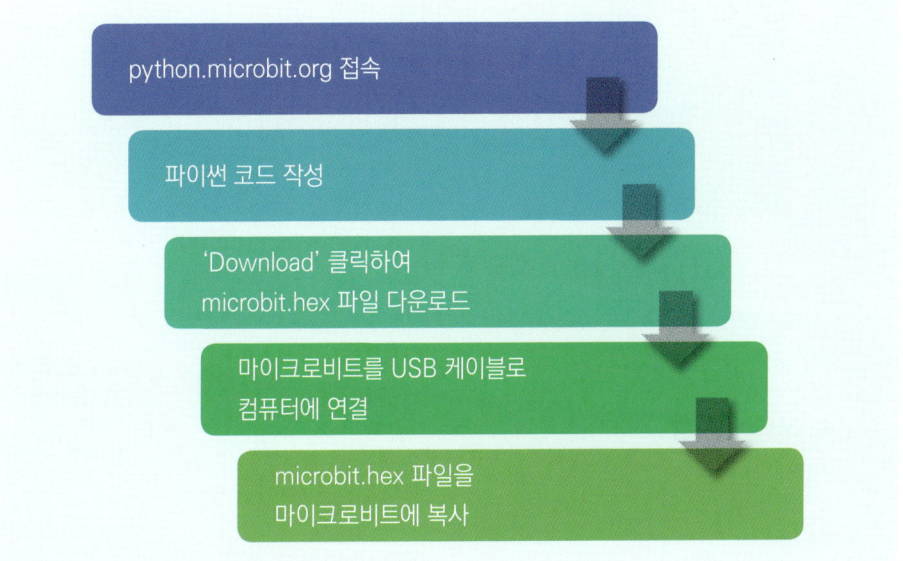

- python.microbit.org 접속
- 파이썬 코드 작성
- 'Download' 클릭하여 microbit.hex 파일 다운로드
- 마이크로비트를 USB 케이블로 컴퓨터에 연결
- microbit.hex 파일을 마이크로비트에 복사

 이렇게만 봐서는 잘 모르겠는데….

그럴까 봐 설명서를 가져왔어요.
이 설명서를 읽고 과정을 하나씩 따라 해 보세요.

① https://python.microbit.org에 접속합니다.

② 화면에 나타난 창에 원하는 코드를 입력합니다. 화면에는 아무것도 입력하지 않아도 기본적으로 입력되어 있는 코드가 있습니다. 각 코드의 의미를 살펴봅시다.

from microbit import *	microbit 모듈에 있는 모든 명령어를 불러오겠다는 뜻입니다. microbit 모듈에는 마이크로비트를 제어하기 위한 여러 가지 명령어들이 들어있기 때문에, 이 모듈을 불러오지 않고서는 마이크로비트를 제어할 수 없습니다.
while True:	다음의 명령어들을 계속 반복하겠다는 뜻입니다. 마이크로비트가 켜져 있는 동안 계속 실행해야 하는 명령어들은 이 안에 넣어두어야 합니다.
display.scroll('Hello, World!')	LED 창에 "Hello, World!"라는 문장을 스크롤하여 표시하는 명령어입니다. 위에서 불러온 microbit 모듈에 있는 대표적인 명령어 중 하나로, 괄호 안에 문자열을 따옴표로 감싸서 써주면 문자열이 그대로 출력됩니다.
display.show(Image.HEART)	LED 창에 특정한 모양을 만들어주는 명령어입니다. 괄호 안에 ♡표시를 하는 명령어인 'Image.HEART'가 들어있어서 ♡표시가 나오게 됩니다. 이것 말고도 다양한 모양을 만들 수 있으며, 자세한 내용은 도움말 페이지를 참고하도록 합시다. 주소 : https://microbit-micropython.readthedocs.io/en/latest/tutorials/images.html
sleep(2000)	2000밀리초, 즉 2초간 마이크로비트를 멈추는 명령어입니다.

③ 마이크로비트는 사실 파이썬으로 만들어진 명령문들을 알아듣지 못합니다. 따라서 파이썬으로 만들어진 명령문들을 마이크로비트에 전송하여 실행하기 위해서는 우선 마이크로비트가 알아들을 수 있는 파일로 바꿔줘야 합니다. 'Download' 버튼을 누르면 micobit.hex 파일을 다운로드하는데, 이 파일이 바로 우리가 만든 파이썬 명령문들을 마이크로비트가 알아들을 수 있는 파일로 바꾼 것입니다.

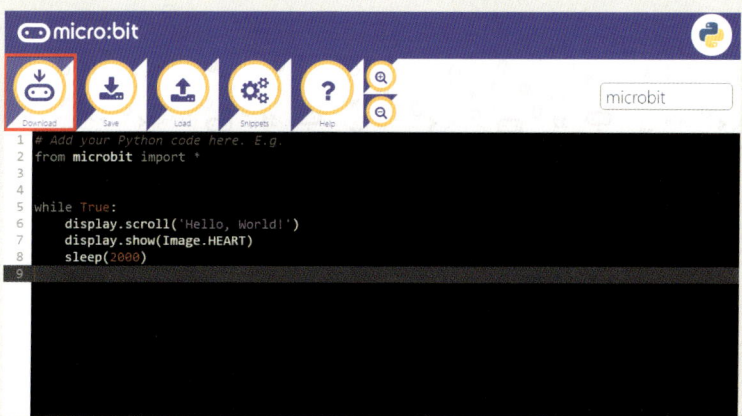

④ 파이썬 명령문들이 'hex' 파일로 다운로드됩니다. 이 'hex' 파일이 바로 마이크로비트가 읽을 수 있는 파일입니다. 이제 이 파일을 마이크로비트에 전송해야 합니다.

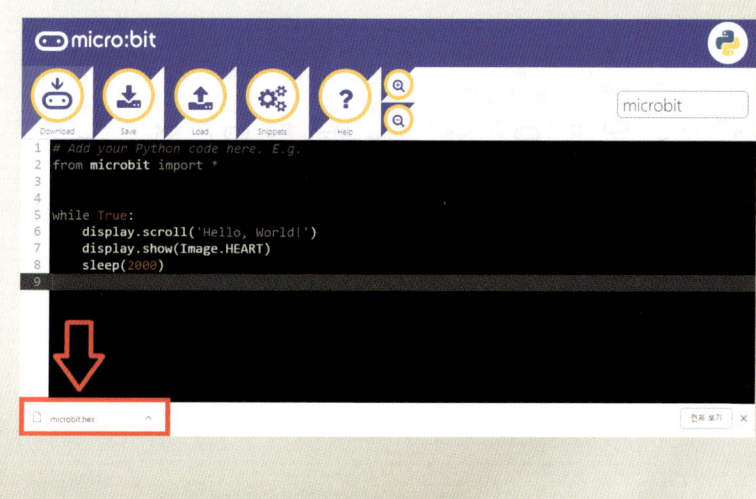

⑤ 마이크로비트의 본체에 USB 케이블을 연결한 후, 반대쪽을 컴퓨터의 USB포트에 연결합니다.

⑥ 다운로드 폴더에 받아진 microbit.hex 파일을 클릭하여 '복사'합니다. (폴더에 같은 이름의 파일이 이미 존재할 경우, microbit(1).hex, microbit(2).hex... 와 같이 뒤에 숫자가 붙을 수도 있습니다.)

⑦ 마이크로비트를 USB 케이블로 연결하면 그림과 같이 별도의 드라이브로 인식됩니다. 이곳에 microbit.hex 파일을 '붙여넣기'합니다.

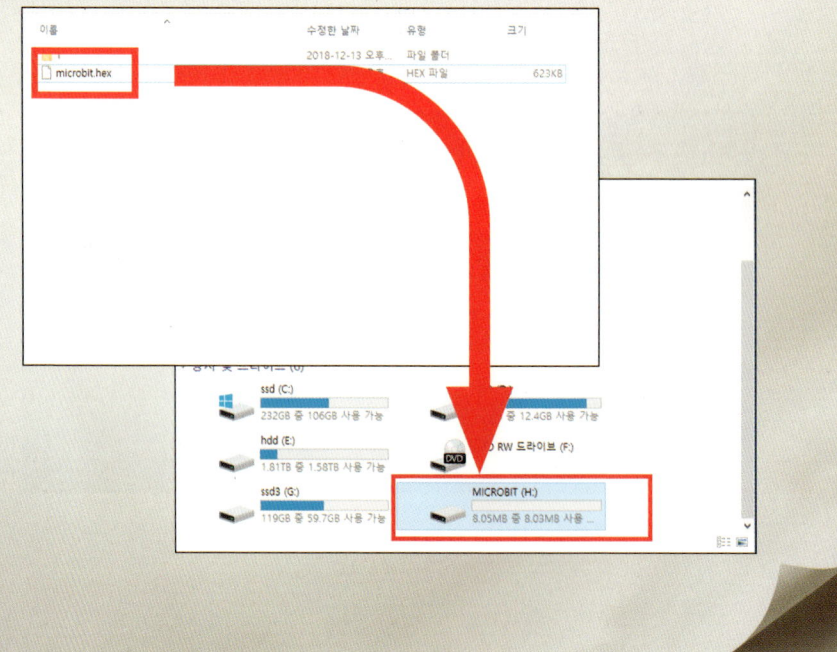

⑧ 마이크로비트의 LED창에 'Hello, World!'라는 글자와 ♡표시가 차례대로 스크롤되는 것을 확인합니다.

이와 같은 방법으로 마이크로비트를 프로그래밍하고 실행하면 돼요. 다른 코드를 입력하고 싶으면 ③번의 웹브라우저 창에서 코드를 입력한 후 아까와 같은 순서대로 진행하는 거예요. 어때요, 간단하죠?

응! 생각보다 어렵지 않네.
어서 우리 배에 모터와 비상 불빛을 달자.

마이크로비트로 탈출용 배 만들기

마이크로비트로 모터와 비상불빛을 작동할 수 있도록 만들어요.

우선 어떤 것들이 필요한지 살펴볼까?

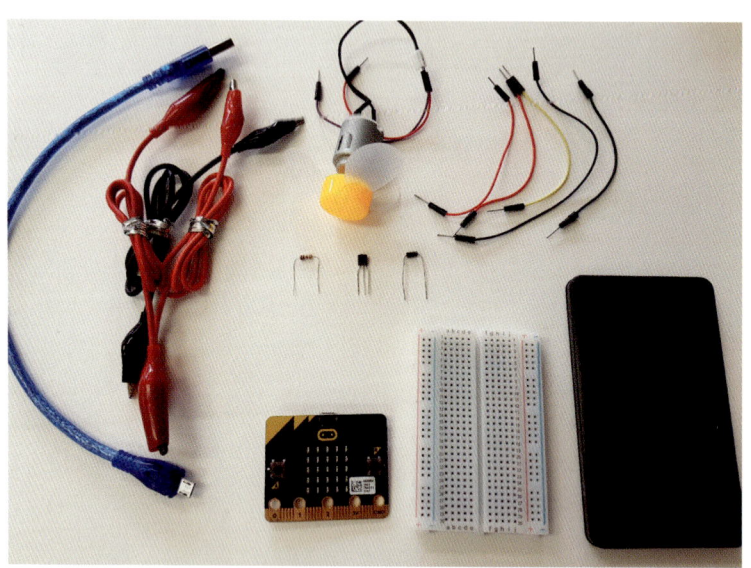

부품	이름	기능
	마이크로비트	파이썬 코드로 동작하는 초소형 컴퓨터입니다. 25개의 LED와 2개의 버튼, 각종 센서들이 부착되어 있습니다.
	Micro-USB 케이블	마이크로비트와 PC를 연결하는 케이블입니다. 작은 쪽을 마이크로비트에 연결하고, 큰 쪽은 컴퓨터의 USB포트에 연결합니다.
	NPN 트랜지스터	트랜지스터는 전류를 증폭하거나 스위칭하는 부품입니다. 내부 구조에 따라 NPN 또는 PNP 트랜지스터로 나뉘며, 내부의 이미터, 베이스, 컬렉터와 연결되는 각각의 연결선이 총 3개 있습니다.

트랜지스터는 전류를 증폭하거나 스위칭하는 부품이구나.
그런데 이건 왜 필요한 거야?

마이크로비트의 내부 전원을 통해 흐르는 전류는 DC모터를 작동시킬 만큼
충분하지 못해서 모터를 연결해도 잘 작동하지 않아요.
따라서 전류를 키워줄 필요가 있지요.

그렇구나~! 근데 다리가 세 개나 되는 이유는 뭐야?

트랜지스터는 내부가 이미터(Emitter), 베이스(Base), 컬렉터(Collector)의
세 부분으로 나뉘어 있어요.
세 개의 다리는 각각의 부분을 회로와 연결하기 위한 것이에요.

부품	이름	기능
	다이오드	다이오드는 전류를 한쪽으로만 흐르게 합니다. 이를 통해 전류의 흐름을 원하는 대로 조절하거나, 역류가 발생하여 회로가 고장 나는 것을 방지합니다.
	100Ω 저항	회로를 흐르는 전류의 흐름을 방해하여 원하는 만큼의 전류가 흐르도록 조절하는 역할을 하는 부품입니다.
	DC 모터와 프로펠러	배를 움직이게 하기 위한 장치입니다. 확장 보드의 DC모터 연결부에 연결합니다.

만약 DC모터의 단자가 아래 그림과 같이 다른 종류일 경우, MM점퍼케이블을 아래 그림과 같이 단자에 부착하여 연결하면 된답니다.

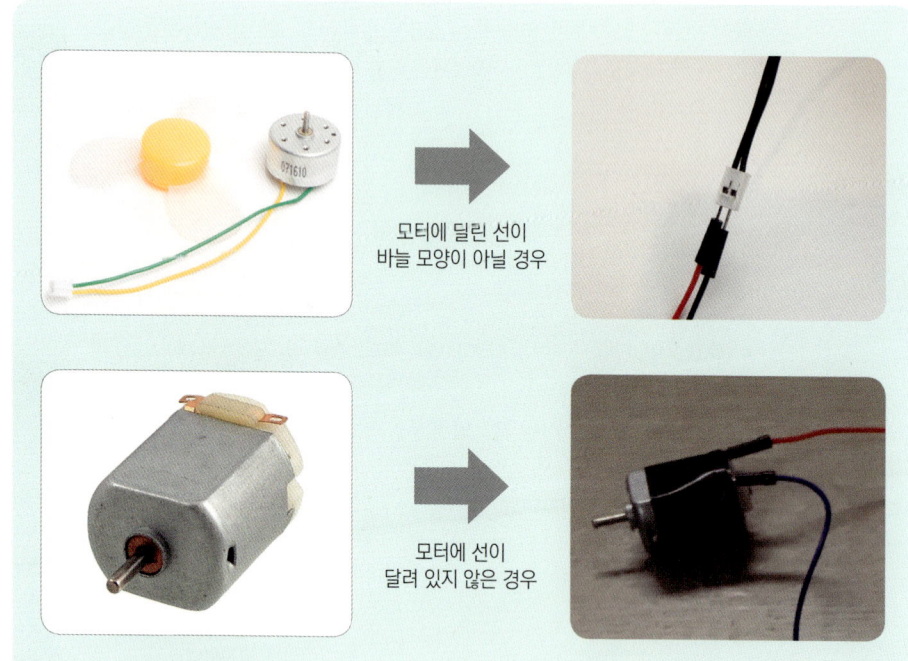

모터에 딸린 선이 바늘 모양이 아닐 경우

모터에 선이 달려 있지 않은 경우

부품	이름	기능
	MM 점퍼케이블	브레드보드를 이용하여 회로를 구성하는 데 쓰입니다.
	악어 케이블	마이크로비트와 브레드보드를 연결하는 데 쓰입니다. 집게 모양으로 전선이나 금속체를 붙잡고 있을 수 있는 특징이 있습니다.
	브레드보드	여러 가지 전자 부품과 연결선을 이용하여 회로를 꾸밀 때 사용합니다.

 이것도 우리한테 꼭 필요한 거야?

 마이크로비트에서 모터를 작동시키는 데 필요한 전자 부품이 앞서 많이 소개되었죠?
그 부품들을 이용해서 회로를 간편하게 만들려면 이 도구가 있어야 한답니다.

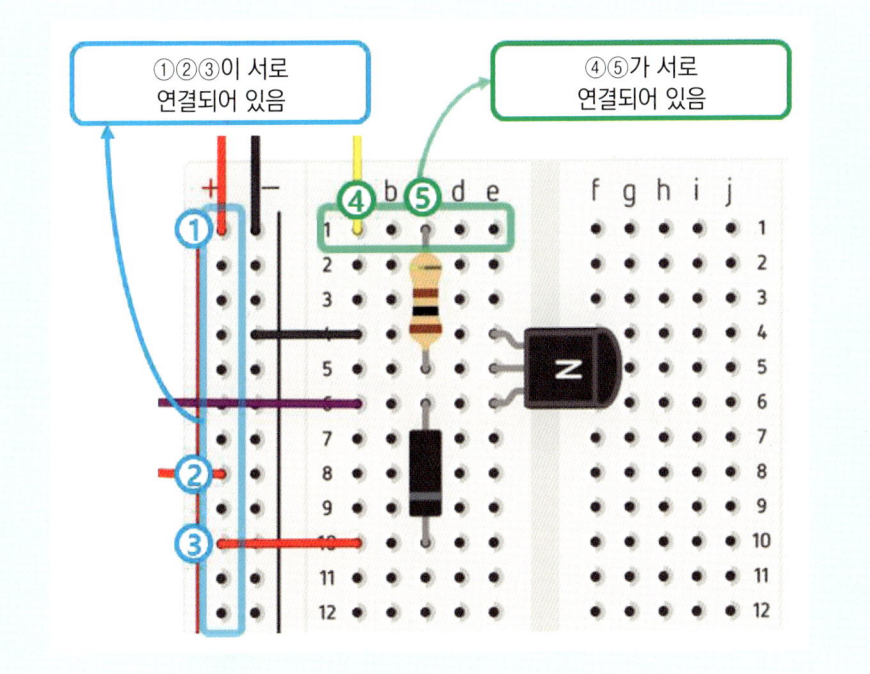

 아, 이렇게 하면 전선을 따로 붙이지 않아도 서로 연결되는 효과가 있구나!

 네, 위 그림처럼 가로 또는 세로의 구멍들이 내부의 금속판을 통해 서로 연결되어 있어서 부품들끼리 전선으로 하나하나 다 이어주지 않아도 회로가 완성된답니다.

 자, 모두 준비했어!

그러면 이제부터 브레드보드를 이용해 회로를 만들어야 해요.
다음 설명서의 순서를 따라 차근차근 연결해 봐요.

① 브레드보드에 먼저 NPN 트랜지스터를 다음과 같이 연결합니다.
(트랜지스터 모델에 따라 이미터, 베이스, 컬렉터의 위치가 서로 다를 수 있습니다. 사진의 모델은 'MPS2222A'이며, 위에서 순서대로 이미터, 베이스, 컬렉터로 구성되어 있습니다. 다른 모델의 NPN 트랜지스터를 사용하더라도 위와 같이 구성된 모델을 사용해야 정상적으로 동작합니다.)

(트랜시스터는 NPN, PNP의 두 종류가 있으며, 여기서는 NPN을 기준으로 합니다.)

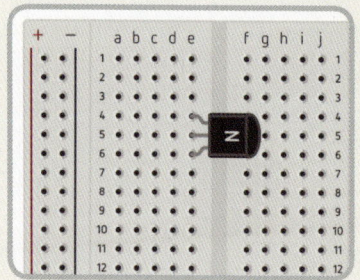 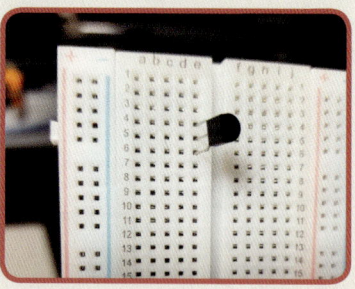

② 트랜지스터의 '이미터'가 연결된 자리(4번)에 점퍼케이블을 연결하고 반대쪽을 (-)자리에 연결합니다.

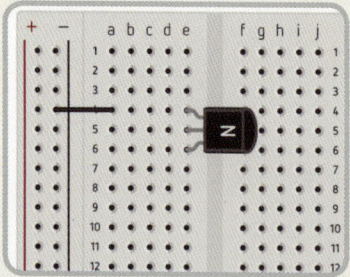 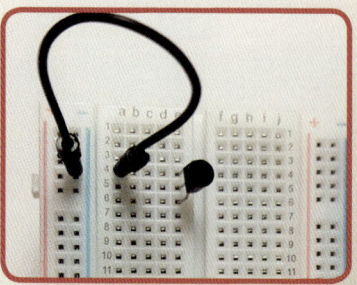

③ (−)자리의 맨 위쪽에 점퍼케이블을 1개 더 연결한 후 다른 한쪽에 악어 케이블을 물립니다. 악어 케이블은 마이크로비트의 'GND'에 물립니다.

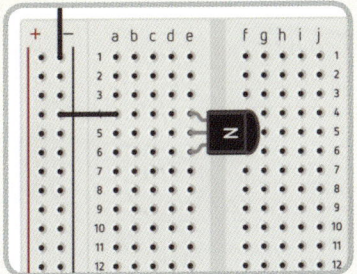 

④ 10Ω 저항의 한쪽 끝은 트랜지스터의 '베이스' 자리(5번)에, 다른 한쪽은 1번 자리에 연결합니다. 1번 자리에 노란색 점퍼케이블을 연결합니다. 이 노란색 점퍼케이블을 악어 케이블로 마이크로비트의 '0' 자리에 물립니다.

⑤ 다이오드를 트랜지스터의 '컬렉터' 자리(6번)에 연결하고, 다른 한쪽을 10번 자리에 연결합니다. 이때 다이오드에 회색 띠가 붙은 쪽이 그림과 같이 아래쪽으로 향하도록 해야 합니다(반대의 경우 회로가 작동하지 않습니다).

⑥ 그림과 같이 6번 자리에 보라색 점퍼케이블, (+)자리에 빨간색 점퍼케이블을 연결하고 이 두 케이블을 DC모터에 연결합니다(빨간색과 보라색 케이블을 DC모터의 어느 쪽에 연결하느냐에 따라 회전 방향이 바뀌지만, 동작 자체는 어떻게 연결해도 잘 됩니다). 10번 자리에 빨간색 점퍼케이블을 연결한 후 다른 한쪽을 (+)자리에 연결합니다.

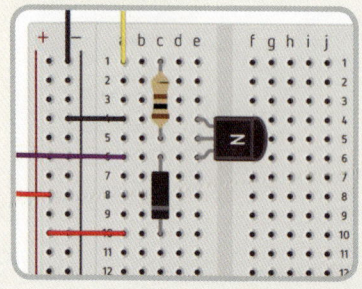
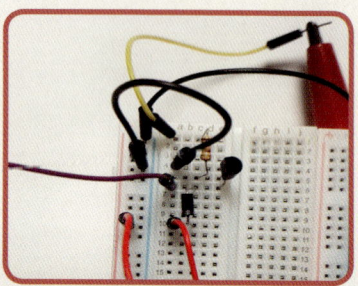

⑦ (+)자리 맨 위에 빨간색 점퍼케이블을 연결한 후, 다른 한쪽을 악어 케이블로 마이크로비트의 '3V' 자리에 물립니다.

⑧ 최종적으로 완성된 회로도는 다음과 같습니다.

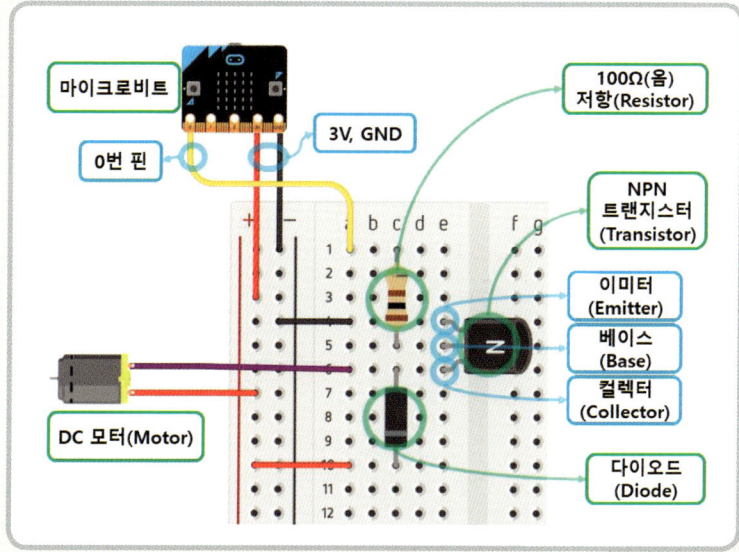

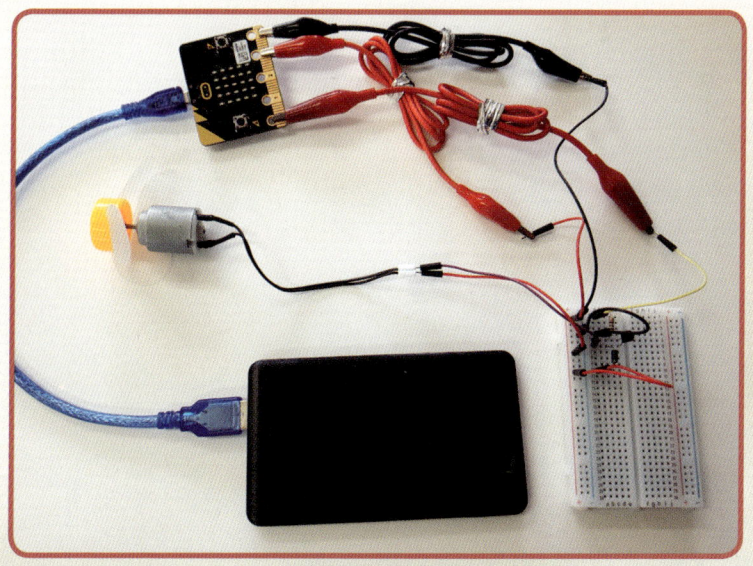

실제 완성된 모습

모터 작동 코드 작성하기

 이제 모터를 작동하기 위한 코드를 작성해야 해.

파이썬으로 모터를 작동하는 프로그램을 작성해서 전송하면, 마이크로비트가 모터를 작동시킬 거에요.

 그럼 파이썬 코드는 어떻게 작성해야 할까?

본격적으로 프로그래밍을 하기에 앞서서, 모터를 어떤 방식으로 작동시킬지를 먼저 구상해야겠죠?

1 알고리즘 만들기

 마이크로비트의 전원이 켜져 있는 동안
마이크로비트의 A버튼을 누르면 모터가 돌아가고,
B버튼을 누르면 모터가 정지하도록 만들어 볼까?

① A버튼이 눌러졌는지 판단한다.
  1) 만약 그렇다면 모터를 켜고,
  2) 만약 그렇지 않다면 ③으로 넘어간다.
② B버튼이 눌러졌는지 판단한다.
  1) 만약 그렇다면 모터를 끄고,
  2) 만약 그렇지 않다면 ①로 되돌아간다.

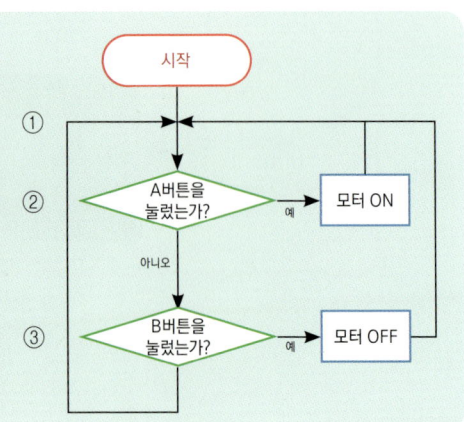

2 프로그래밍하기

이제부터 실제로 모터를 움직이는 코드를 만들어 볼게요.
가장 먼저 할 일은 마이크로비트를 작동시키기 위한 모듈을 불러오는 일이에요.
앞에서 이미 한 번 본 적이 있을 거예요.

```
from microbit import *
```

 다음에는 위 알고리즘을 무한히 반복하기 위해 while 반복문을 사용해야 하지?

맞아요. 그래야 마이크로비트가 켜져 있는 동안
위 기능이 계속 작동할 테니까요.
반복조건은 True로 해야겠죠? 이렇게요.

```
while True: → 다음의 코드를 계속해서 반복하기
```

 반복문 안에는 위 알고리즘의 ①과 ②를 구현하면 되겠지?

훌륭해요. 그럼 필요한 명령어들을 살펴보죠.

if button_a.is_pressed(): → 마이크로비트의 A버튼이 눌러질 경우 참(True)을 반환하기.
따라서 A버튼이 눌러지면 if문이 참이 되어 다음의 코드를 실행
pin0.write_digital(1) → 0번 핀에 연결된 장치에 디지털 신호 1 보내기. 모터는 디지털 신호
1을 받을 경우 회전 시작
elif button_b.is_pressed(): → B버튼이 눌러질 경우 다음의 코드 실행
pin0.write_digital(0) → 0번 핀에 연결된 장치에 디지털 신호 0 보내기. 모터는 디지털 신호
0을 받을 경우 정지

이 명령어들을 사용해서 프로그램을 작성하면 다음과 같아요.

```
1  from microbit import *
2
3  while True:
4      if button_a.is_pressed():          #버튼a를 누르면
5          pin0.write_digital(1)          #핀0에 디지털 신호 1 전달(모터 회전)
6      elif button_b.is_pressed():        #버튼b를 누르면
7          pin0.write_digital(0)          #핀0에 디지털 신호 0 전달(모터 정지)
8
```

3 마이크로비트에 전송하기

그럼 이제 모터가 잘 작동하는지 확인해보자. 어떻게 확인하지?

마이크로비트 파이썬 편집기 창(https://python.microbit.org)에 모든 코드를 집어넣었나요? 그럼 앞에서 해봤던 것처럼 'Download' 버튼을 눌러서 hex파일을 다운로드 받으세요.

그다음에는 마이크로비트를 USB로 컴퓨터에 연결한 후 복사하면 되지?

그렇죠. 이미 한 번 해봤으니까 잘 할 수 있을 거예요.
LED가 꺼지면 이제 버튼을 눌러서 모터가 잘 작동하는지 확인할 수 있어요.

 ## 비상불빛 코드 작성하기

 이번에는 비상 불빛을 밝히는 장치를 만들어보자.
'SOS'라는 문자가 LED창에 끊임없이 스크롤되도록 만드는 거야.
어떻게 코드를 작성해야 할까?

우선 아까 만들었던 코드에 다음의 새로운 코드를 추가할 거예요.
LED 창에 문자를 표시하는 명령어죠.

display.scroll(문자열, wait=False, loop=True) : LED 창에 문자를 표시

이때 'wait=False'는 글자가 스크롤되는 동안 기다리지 않고
다음 코드를 바로 실행하라는 뜻이고, 'loop=True'는 마이크로비트가
실행되는 동안 반복하여 글자를 표시하라는 뜻이에요.

 좋았어. 그럼 이 코드를 어디에 추가하지?

다음과 같이 빨간 부분에 추가하면 된답니다.
우리는 'SOS'라는 문자열을 표시하도록 해요.

```python
from microbit import *

display.scroll("SOS",wait=False,loop=True)  # 이 곳에 이렇게 코드를 추가하면 돼!

while True:
    if button_a.is_pressed():        #버튼a를 누르면
        pin0.write_digital(1)        #핀0에 디지털 신호 1 전달(모터 회전)
    elif button_b.is_pressed():      #버튼b를 누르면
        pin0.write_digital(0)        #핀0에 디지털 신호 0 전달(모터 정지)
```

이렇게 하면 'SOS' 글자를 LED 창에 표시하는 코드가 먼저 실행되고,
이어서 모터를 제어하는 while 문이 실행되어
글자가 표시되는 동안 모터를 켜고 끌 수 있어요.

확인해 보자!

모터와 SOS 불빛이 동시에 잘 작동하는지 확인해보자!
마이크로비트 파이썬 편집기 창(https://python.microbit.org)에 코드를 집어넣고
'Download'버튼을 눌러서 hex 파일을 다운로드 받은 후에
마이크로비트에 복사하기, 맞지?

잘 기억하고 있군요! 어디 한번 볼까요?

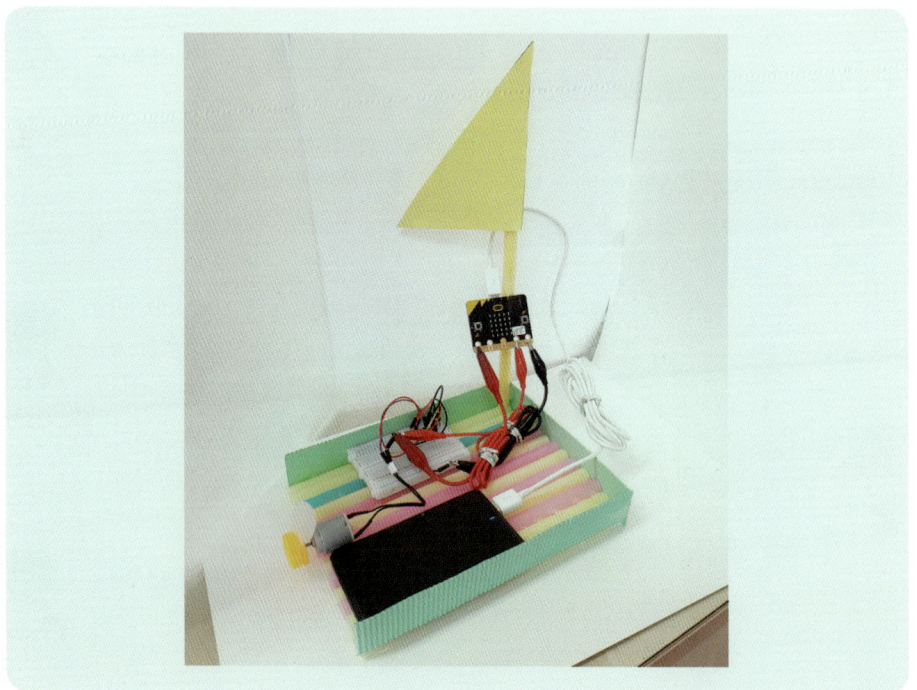

한번 프로그램을 복사해 두면 휴대용 보조배터리를 이용하여
컴퓨터에 연결하지 않고도 마이크로비트를 작동할 수 있어요.
그러면 위처럼 배를 만들어서 그 안에 마이크로비트와 브레드보드,
모터를 설치하고 배터리로 전원을 공급하여 배를 움직일 수 있지요!

마이크로비트의 LED 창에서 계속 'SOS' 글자가 표시되는구나!
그리고 A버튼을 누르니 모터가 켜지고, B버튼을 누르니 모터가 꺼지네.
이제 모터를 이용해 배를 움직이면서 캄캄한 바다에서도 사람들에게
우리의 위치를 알려줄 수 있겠어!

에필로그

우리가 함께 만든 돛단배를 타고 타미와 로보는 무사히 무인도를 탈출했을까? 여기 타미와 로보로부터 편지가 왔어. 어떻게 지내고 있는지 이야기를 들어보자.

안녕! 나는 타미야.

나는 무인도를 탈출해 무사히 제주도 할머니 댁에 도착했어.

지금은 가족들과 행복한 시간을 보내고 있단다. 친구들이 없었으면 힘들었을 거야. 정말 고마워!

무인도를 탈출하기 위해 공부한 파이썬 덕분에 세상을 보는 눈도 달라졌어. 어떻게 하면 파이썬으로 더 편리하고 안전하고 효율적인 세상을 만들 수 있을지 하루 종일 생각한다니깐?

친구들도 파이썬 잘 활용하고 있니? 열심히 프로그램을 만들고 있는 친구들 모습이 눈에 훤히 보이는 것 같아. 멋진 컴퓨터 프로그래머로 다시 만나자! 안녕.

삐리삐리 안녕하세요!

저는 타미의 애완 로봇 로보입니다. 타미와 함께 무인도를 탈출한 후 타미의 사랑을 듬뿍 받으며 지내고 있어요. 타미는 무인도에서 파이썬을 열심히 공부한 덕분에 저를 200% 활용하고 있답니다.

파이썬은 누구나 쉽게 배울 수 있고, 정말 다양하게 활용할 수 있는 프로그래밍 언어라는 것, 이제 모두들 잘 알고 있겠죠? 여기에서 멈추지 말고 반복 또 반복, 앞으로 조금씩 나아가길 바라요!

while passion > 0 :
　　you = "will be happy"

부 록
− 로보가 내주는 숙제의 정답 −

정답은 하나의 예시일 뿐입니다.
이밖에도 다양한 방법으로 문제를 해결할 수 있답니다.
스스로 문제를 해결해 보아요!

1일차 정답

① print("친구들\n첫 프로그래밍\n성공한 소감이 어때?\n앞으로도 화이팅 하자!")

② 실행결과 11+15

print("안녕!")

2일차 정답

①
print(1+1)
print(234-49)
print(111*111)
print(255/5)

②
print(14+24+9+37+19+25+4+11+8)
print(151+10+20)

③
국어 = 95
수학 = 91
영어 = 87
평균 = (국어 + 수학 + 영어)/3
print(평균)

3일차 정답

①
```
a = ["지우개", "가위", "풀", "슬리퍼"]
a.append("과자")
a.append("음료수")
a.append("모자")
print(a)
```

②
```
a = ["호랑이", "독수리", "고래", "표범", "악어"]
b = ["코끼리", "기린", "펭귄", "사자", "미어캣"]
c = a + b
print(c)
```

4일차 정답

①
```
if 5824 % 3 == 0 :
    print("3의 배수입니다.")
else :
    print("3의 배수가 아닙니다.")
```

②
```
age = int(input("나이를 입력하세요:"))

if age > 14 :    # 자신의 나이가 14살인 경우
    print("안녕하세요!")
elif age == 14 :
    print("안녕, 친구야!")
else :
    print("안녕, 동생아!")
```

③
```
a = int(input("첫 번째 숫자를 입력하세요 : "))
b = int(input("두 번째 숫자를 입력하세요 : "))
sign = input("연산기호를 입력하세요(+,-,*,/) : ")

if sign == "+" :
    print(a, "+", b, "=", a+b)
elif sign == "-" :
    print(a, "-", b, "=", a-b)
elif sign == "*" :
    print(a, "*", b, "=", a*b)
elif sign == "/" :
    print(a, "/", b, "=", a/b)
```

5일차 정답

1
```
for i in range(6) :
    print("*"*(i+1))
```

2
```
for i in range(10, 20) :
    print(i,"단")

    for k in range(1,10) :
        print(i, "x", k, "=", i*k)
```

6일차 정답

1
```
i = 10
while i < 101 :
    print(i,"만큼 들어왔습니다.")
    i += 10
```

2
```
# 숫자는 7 이외에 자신이 원하는 숫자로 설정해 주세요.
num = 7
answer = int(input("수를 맞춰보세요(1~10). : "))

while True :
    if answer > num :
        print("숫자가 너무 커요.")
        answer = int(input("다시 수를 맞춰보세요. : "))
    elif answer < num :
        print("숫자가 너무 작아요.")
        answer = int(input("다시 수를 맞춰보세요. : "))
    else :
        print("정답입니다!")
        break
```

7일차 정답

①
```python
import turtle as t

color = ["red","orange","yellow","green","blue","dark blue","purple"]
color.reverse()

t.pensize(15)

def setting() :
    t.ponup()
    t.setheading(270)
    t.forward(10)
    t.setheading(0)
    t.pendown()


for i in range(7) :
    setting()
    t.color(color[i])
    t.circle((i+1)*10)
```

②
```python
import turtle as t
import random as r

color = ["red","orange","yellow","green","blue","dark blue","purple"]
t.pensize(2)

for i in range(100) :
    t.color(r.choice(color))
    t.setheading(r.randint(1,360))
    t.forward(r.randint(10,100))
```